AF395973

NOCES D'ARGENT

DE MONSEIGNEUR

VITAL-JUSTIN GRANDIN

ÉVÊQUE DE SAINT-ALBERT

O. M. I.

1884

SAINT-ALBERT

HAUT-CANADA

NOCES D'ARGENT

DE

MONSEIGNEUR VITAL-JUSTIN GRANDIN

TYPOGRAPHIE

EDMOND MONNOYER

LE MANS (Sarthe)

NOCES D'ARGENT

DE MONSEIGNEUR

VITAL-JUSTIN GRANDIN

ÉVÊQUE DE SAINT-ALBERT

O. M. I.

1884

SAINT-ALBERT

HAUT-CANADA

Le Mans, 13 février 1884.

Nous recevons de Saint-Albert un long compte rendu de
la grande solennité, célébrée à l'occasion du vingt-cinquième
anniversaire d'épiscopat de Monseigneur Grandin.

Nous voulons nous acquitter d'une dette de reconnaissance
en adressant aux amis et bienfaiteurs de l'Évêque missionnaire, cette longue lettre que vient de· nous adresser le
vicaire général, le Révérend Père Leduc.

Oui, c'est à vous, âmes généreuses, nobles bienfaitrices des
missions de Saint-Albert, que nous dédions cette petite brochure. Recevez-la comme le témoignage de la gratitude de
ceux qui, plus d'une fois, vous ont tendu la main, et qui,
grâce à votre générosité, ont pu et peuvent encore, chaque
année, procurer à nos bien-aimés Missionnaires d'outre-mer
des secours dont Notre-Seigneur Jésus-Christ, au grand jour
des récompenses, saura vous tenir un large compte.

Vos largesses, nous a-t-on écrit, ont fait verser de douces
et abondantes larmes à celui qui en était l'objet, lorsque le
16 septembre, jour de la grande fête, le R. P. Leduc, vicaire
général, présenta à Sa Grandeur, en votre nom, l'ornement
pontifical de drap d'or et toutes les richesses, fruits de vos
aumônes, destinées à cacher la pauvreté de la cathédrale de
Saint-Albert. Ces ornements qui ont déjà excité l'admiration
des sauvages, ces larmes arrachées par la reconnaissance à
l'Évêque missionnaire, vous vaudront de la miséricorde

divine, une récompense que nos prières sollicitent pour vous dès cette vie.

A vous tous, dignes et généreux bienfaiteurs des Missions de Saint-Albert, nos remerciements les plus sincères. Pour vous tous nous ne cesserons de prier.

Votre modestie n'a pas voulu nous permettre d'inscrire ici vos noms; ce que vous avez fait en nous envoyant votre aumône, nous le comprenons, vous l'avez fait pour Dieu : d'une action en soi purement humaine vous avez, par un sentiment de foi, fait un acte surnaturel dont votre humilité, en voulant le tenir caché, a doublé le mérite. En plaçant, chaque année, dans la banque des Missions une petite partie de vos richesses, vous faites un bon placement, soyez-en sûrs. A votre entrée dans l'éternité, vous en trouverez les rentes accumulées ; mais nous vous souhaitons, dans l'intérêt des Missions, et dans votre propre intérêt, d'aller les toucher le plus tard possible.

A. A.

NOCES D'ARGENT

DE

MONSEIGNEUR VITAL-JUSTIN GRANDIN

ÉVÊQUE DE SAINT-ALBERT

O. M. I.

Saint-Albert, 22 novembre 1883

Le mois de septembre 1883 a été, pour les membres du Vicariat de Saint-Albert, un mois de saintes réjouissances, fécond en bénédictions toutes particulières, marqué par l'affermissement de plus en plus complet dans l'esprit de notre sainte vocation, en un mot, un mois béni entre tous et dont, de notre vie, nous ne perdrons l'heureux souvenir. Réunion des Pères les plus éloignés du vicariat; visite du R. P. Soullier et du R. P. Tabaret; *Noces d'Argent* de notre Père tant aimé, de notre saint Évêque; prises d'habit, oblations, ordinations, rien ne nous a manqué.

Dès les premiers jours du mois d'août arrivait ici l'excellent P. Gasté (Pierre), qui, depuis 22 ans, évangélise les Montagnais du lac Caribou et les Esquimaux de la Baie d'Hudson. Condisciple de Monseigneur, il venait prendre part à notre grande fête de famille : pour la première fois il visitait Saint-Albert, pour la première fois il se rencontrait avec la plupart de ses frères en religion, dispersés dans cet immense Nord-

Ouest. Avec lui arrivait à la mission le R. P. Tabaret, supérieur de l'Université d'Ottawa, venant de la part du Révérend Père Général, en qualité de second visiteur, mettre, pendant quelques semaines, à notre disposition, à notre service, son expérience et son dévouement bien connus. Malheureusement il ne put rester assez longtemps pour prendre part à notre grande fête, à la solennité du 25e anniversaire d'épiscopat de Mgr Grandin. Il avait hâte de retourner au collège d'Ottawa qu'il a créé, et d'obéir à l'appel pressant du R. P. Provincial qui réclamait instamment son retour, dès qu'il aurait terminé et mené à bonne fin la mission importante qui lui avait été confiée parmi nous. Que ce bon père veuille bien recevoir ici l'expression bien sincère de notre affectueuse reconnaissance, en même temps que nos vifs regrets de ne l'avoir pas possédé plus longtemps.

Avant de nous quitter, le R. P. Tabaret voulut bien consentir à entreprendre avec moi le voyage de Galgary, au pied des Montagnes Rocheuses, où nous comptions rencontrer sir John Macdonald, notre ministre de l'Intérieur. Il s'agissait du bien de nos missions et de hâter l'accomplissement de promesses importantes, faites à Mgr Grandin et à moi-même, à la capitale du Canada, l'hiver dernier. Le R. P. Tabaret n'hésita pas à faire ce voyage de 400 milles au travers des prairies, voyage qu'il devait faire une seconde fois quelques jours plus tard pour retourner à Ottawa.

De retour à Saint-Albert, au commencement de septembre, nous eûmes le bonheur d'y rencontrer Monseigneur et le R. P. Soullier, arrivés de la veille : ils venaient de visiter l'Ile à la Crosse, N.-D. de Pontmain, Battleford, le fort Pitt et les missions sauvages environnantes. Ils étaient accompagnés des RR. PP. André, Legoff, Fafard et Mérer. Bientôt nous allions nous trouver à Saint-Albert 40 oblats, réunis pour la retraite annuelle, pour la fête de Monseigneur. A l'excellent Père Visiteur appartient de parler de ce voyage si fécond en biens de toute espèce, de cette retraite si consolante pour tous. Quant à moi, obéissant au désir de ce bon Père, je vais parler plus particulièrement des *Noces d'Argent*, du 25e anniversaire d'épiscopat de celui que nous aimons comme le plus tendre des pères, que nous honorons comme le représentant direct de Dieu auprès de nous, que nous vénérons comme un saint :

Le samedi 15 septembre, *toutes les cloches* de la cathédrale et du couvent sont mises en branle et font entendre leurs plus joyeux carillons. La communauté, comptant 21 prêtres, oblats de Marie-Immaculée, un prêtre séculier, 15 frères convers, 4 junioristes, se réunit *au grand salon* de l'évêché. Il est magnifiquement décoré pour la circonstance. Les Pères et les Frères, rangés sur deux lignes, attendaient avec un sentiment d'affection toute filiale que je puis bien sentir, mais que je ne saurais décrire, l'entrée de leur Père et Pontife bien-aimé. Le R. P. Visiteur se rend auprès de Sa Grandeur qui, revêtue du rochet, du camail et de l'étole, fait, accompagnée du R. P. Soullier, son entrée dans la grande salle de réception. Monseigneur nous trouve à genoux sur son passage, joyeux et attendris ; lui-même, visiblement ému, nous bénissant tous avec amour, passe au milieu de nous pour aller occuper la place d'honneur qui lui est réservée. La communauté se range alors autour du saint prélat que nous voulons honorer. Dominant l'émotion qui le gagne malgré lui, le R. P. Leduc prend la parole et lit l'adresse suivante :

MONSEIGNEUR ET BIEN-AIMÉ PÈRE,

« Je ne cherche ni phrases ni périodes, je vais droit au but avec mon cœur et le cœur de toute la communauté ici réunie. Gloire à Dieu, actions de grâce, à son infinie bonté qui nous accorde de célébrer aujourd'hui le 25e anniversaire d'épiscopat de notre Pontife vénéré, de notre Évêque et Père bien-aimé.

« Oui, Monseigneur, Celui qui sonde les reins et les cœurs promena un jour son regard divin sur ces vastes déserts où nous avons vécu. Là, quelques rares oblats de Marie Immaculée se partageaient alors les fonctions sublimes d'un glorieux et pénible apostolat. Le regard de Dieu s'arrêta sur le plus humble de tous, et se reposa sur lui avec une complaisance pleine de miséricorde et d'amour. Le Tout-Puissant le marqua de son doigt pour recevoir la plénitude du sacerdoce, fonder une Église aujourd'hui pleine d'avenir et d'espérance, et porter partout la bonne odeur de Jésus-Christ.

« *Infirma mundi elegit Deus :* Dieu a choisi l'humilité, la douceur, la bonté, la mansuédude, et puis il a opéré des prodiges ; Prodiges de zèle, de dévouement, d'abnégation ; prodiges de confiance et d'abandon sans bornes à sa divine Providence, prodiges de fondations nombreuses, de missions multipliées, d'œuvres religieuses sans nombre ; rien n'a manqué à votre apostolat, à votre épiscopat, pendant cette période de 25 années.

« Aujourd'hui un clergé nombreux, accouru de tous les points de votre immense diocèse, se presse autour de votre personne vénérée. Prêtres et frères, religieux oblats de Marie Immaculée, prêtre séculier, jeunes lévites et scholastiques, tous nous nous serrons auprès de vous, pour vous offrir nos cœurs et nos vœux, notre filiale, respectueuse et fraternelle affection, et nous vous disons tous : *Ad multos annos.*

« Grâce à Dieu, nous avons le bonheur de posséder en ce moment le type du véritable oblat de Marie Immaculée, l'ami, le représentant dévoué de notre excellent Père Général. Dans ce Visiteur vénéré, dans ce digne ami du chef de la famille, nous aimerons à considérer notre Père Général lui-même, présidant à cette fête si glorieuse pour vous, Pontife et Père bien-aimé. Cet anniversaire béni n'apporte-t-il pas à Votre Grandeur le spectacle consolant d'un diocèse bien fondé, de 30 missions nouvelles, de plusieurs églises, de nombreuses chapelles, de 5 communautés de vierges chrétiennes : le tout, dû au zèle sans borne dont vous êtes animé ? Cet anniversaire ne vous montre-t-il pas 30 frères, Oblats de Marie Immaculée, un prêtre séculier, 20 frères convers formés par vous à la vie religieuse et à l'exercice de toutes les vertus ; tous, pleins de dévouement et d'amour pour leur Évêque, pour leur Père toujours de plus en plus aimé ?

« Cette fête est notre joie, notre gloire à nous : la gloire du Père rejaillit si bien sur les enfants ! Mais ces enfants, qu'offrent-ils à leur père dans ce jour à jamais béni que nous donne le Seigneur : « *Hœc dies quam fecit Dominus* » ? Nous vous offrons, Monseigneur, nos cœurs avec toute l'affection dont ils sont capables ; nous mettons à vos pieds notre dévouement le plus complet à l'œuvre qui vous est confiée et qui est l'œuvre de Dieu par excellence, et nous vous présentons l'obole que nous avons pu recueillir de nos parents, de nos bienfaiteurs, de nos amis.

« Maintenant, Monseigneur, voyez-vous ces ornements pontificaux : chasubles, chapes, dalmatiques, grémial, splendide huméral, ce magnifique missel et son indispensable accessoire, car rien n'a été oublié ; et ces ornements sont tous brillants de l'or le plus pur, et décorés des plus délicieuses broderies. Voyez inscrite votre devise favorite. *Infirma mundi elegit Deus*, le motto de notre famille religieuse : *Pauperes evangelizantur ;* ce cri du cœur : *Vitali, optimo Patri.* Ce présent, vraiment digne d'un prince de l'Eglise, et du glorieux anniversaire que nous célébrons, vous est offert par l'affection toute filiale d'un neveu en tout digne de son oncle vénéré. Honneur, actions de grâces à Monsieur l'abbé Augustin Grandin qui s'est imposé de grands sacrifices personnels, et a su intéresser à cette œuvre nombre d'amis généreux, dont les noms seront religieusement conservés. A vous, Pontife vénéré, au neveu pieux et dévoué, à tous ces généreux auxiliaires nous disons de tout cœur: *Ad multos annos !*

« A présent, Monseigneur et bien-aimé Père, rendons-nous au pied du tabernacle ; deux anges adorateurs nous y ont précédés. Ils sont l'image fidèle de votre ange gardien et de celui du diocèse. Ce chef-d'œuvre est né de l'affection, du travail humble, persévérant, dévoué d'un membre de la communauté, d'un bon frère convers, véritable oblat de Marie Immaculée. Ces anges ont pris naissance dans le cœur de l'excellent frère Brochard ; son amour pour son évêque a dirigé son ciseau. Il vous offre ces anges en répétant avec nous ce cri de tous nos cœurs : *Ad multos annos !*

«Enfin, jetez un dernier regard autour de vous, Monseigneur, et tout vous rappelle le dévouement sans borne de nos chers frères convers. Ces constructions, objet de tant de travaux, de peines, de fatigues, ces champs que le bon Dieu a si visiblement bénis, ce moulin, ressource de la mission, tout cela est l'œuvre de nos bons frères, dont les noms trop nombreux pour être rappelés ici, viennent se ranger à la suite du nom de leur doyen, l'excellent frères Bowes, et sont tous inscrits dans votre cœur et le nôtre. Ces bons et dévoués fils de la famille et de Votre Grandeur vous disent à l'envi, eux aussi : *Ad multos annos !*

« O mon Dieu, ô Marie, Vierge Immaculée, conservez longtemps, bien longtemps encore à notre affection, pour le bien du diocèse, l'honneur de la Congrégation des Oblats et de l'Église, notre Père, notre Pontife tant aimé. Qu'il célèbre un jour avec plus d'éclat, plus de pompe, plus de magnificence encore, non plus ses Noces d'Argent, mais ses Noces d'Or. *Ad multos annos!* »

Le Révérend Père Visiteur prend alors la parole : « Monseigneur, dit-il, je vois avec bonheur les magnifiques présents qui vous sont offerts ; ces ornements sont splendides, ces dons, précieux à tous les titres. Ce que j'ai à vous offrir est peu de chose auprès de cette magnificence de dorure et de broderie. Permettez-moi pourtant, Monseigneur, de vous remettre ce calice, ce missel, souvenir de notre Père Général ; c'est le don de l'administration de notre chère congrégation, c'est le présent des *expulsés*. Le présent est peu de chose en lui-même ; mais, Monseigneur, il vous rappellera néanmoins le sentiment de respect, d'affection sincère du chef de la famille et de la congrégation tout entière à l'égard de Votre Grandeur.

« Laissez-moi aussi, Monseigneur, vous féliciter d'avoir ainsi mérité l'affection si profonde, si respectueuse, si sincère de tous les pères et frères de ce vicariat, de ce diocèse à la tête duquel vous avez été providentiellement placé pour le plus grand bien de tous. Je suis heureux, Monseigneur, de me trouver à cette fête de famille, et je remercie le bon Dieu de ce que je puis ainsi vous offrir mes vœux et ceux de l'administration générale. »

Monseigneur ne peut contenir son émotion et sa voix se perd dans les larmes qui jaillissent de ses yeux. « Oui, mon Révérend Père, s'écrie-t-il, je suis heureux de cet attachement, de cette affection et de ce respect si sincères dont je suis l'objet de la part de tous les membres de mon vicariat. Oui, je suis heureux de ce souvenir du Père Général et de l'administration, souvenir que je reçois par votre entremise avec la plus vive satisfaction. Mais l'honneur qu'on veut me faire aujourd'hui ne m'appartient point à moi seul ; il doit avant tout retomber sur la Congrégation toute entière. C'est elle qui a tout fait ici ; c'est elle qui a fondé cette église de Saint-Albert, c'est elle qui m'a donné les moyens de faire le bien, de créer des missions en me fournissant la plupart des Pères et des Frères qui m'entourent. L'honneur qu'on veut me faire aujourd'hui doit donc retomber sur elle, sur *l'œuvre de la Propagation de la Foi, de la Sainte-Enfance,* et sur tous les membres de mon vicariat. Si j'ai fait un peu de bien, je ne l'ai point fait seul, et même je sens que, grâce à ma faiblesse et à mes misères, j'ai dû retomber lourdement parfois sur ceux qui m'entourent. J'ai dû m'appuyer sur eux, et ils ont certainement senti souvent le poids de ma faiblesse. C'est parce que je suis faible, c'est parce que je connais mon impuissance que j'ai pris dans mes armes le *roseau s'appuyant sur la croix*.

« Tenez, mon Révérend Père, permettez-moi une comparaison ; et pourquoi ne la ferais-je pas, lorsque l'Esprit-Saint lui-même, dans nos livres sacrés, se sert du même sujet de similitude ? Dans ce pays-ci, nous voyageons souvent en traîneau, tirés par des chiens. Quatre chiens vigoureux sont attelés à la suite les uns des autres à ce genre de véhicule, dans nos voyages d'hiver. Celui de devant est le plus estimé parce que c'est lui qui guide, qui dirige, qui conduit les autres ; pourtant ce n'est pas le meilleur, ce n'est pas celui qui travaille, qui se fatigue le plus ; le travail, la peine, sont pour ceux qui suivent. Eh ! bien, je suis à la tête de ce diocèse ; on m'honore le plus aujourd'hui, mais ces honneurs appartiennent à d'autres aussi, et doivent rejaillir sur eux beaucoup plus que sur ma faible personne. »

Le Révérend Père Visiteur se refuse, au nom de la communauté, à accepter ce que Monseigneur dit de lui-même, mû par le sentiment si vrai de sa profonde humilité ; tous, nous nous associons hautement à cette protestation, et nous voulons rendre d'autant plus d'hommages à Monseigneur, que sa Grandeur cherche davantage à décliner les honneurs de la fête. C'est alors que les R. R. P. P. Rémas, Lacombe et Gasté, portent la parole en langue Crise, Pied-Noire et Montagnaise. N'était-il pas juste que les trois principales tribus sauvages, évangélisées par Monseigneur et ses collaborateurs, vinssent, dans cette circonstance solennelle, offrir par l'entremise de leurs apôtres respectifs, l'expression de leur filiale affection ?.. Pauvres sauvages ! ils ne com-

prendront bien qu'au ciel, le dévouement, les souffrances, les
sacrifices dont ils ont été et sont encore l'objet de la part
de l'ange de Saint-Albert.

Vient maintenant la lecture de toutes les adresses trans-
mises de toutes les missions du Nord et de l'Amérique, de la
France, de la Belgique ; c'est un concert unanime : le même
cri s'échappe de toutes les bouches, sort de tous les cœurs :
A l'apôtre du Nord-Ouest, à l'ange de Saint-Albert, au véritable Oblat de Marie Immaculée, à Vital *Optimo Patri*, accom-
plissant à la lettre ce portrait magnifique, si bien dépeint
dans la préface de nos saintes règles : *Humilis, man-
suetus, obediens, paupertatis amator, pœnitentiæ et mortifica-
tioni deditus, zelo zelatus, impendens opes, dotes vitam ipsam
amori Domini Nostri Jesu Christi, utilitati Ecclesiæ et sanc-
tificationi fratrum suorum :* au Pontife vénéré, au religieux
bien-aimé, à l'apôtre zélé, de cent localités différentes de
l'ancien au nouveau monde, de l'orient à l'occident arrive
l'expression délicieuse de la plus respectueuse affection. La
poésie vient même s'unir à la prose, et du Lac des Esclaves
arrive de la part du R. P. Dupin, la courte mais cordiale com-
position suivante :

« Pour tes noces d'argent, en cet anniversaire,
J'aurais voulu donner..., mais pauvre volontaire,
A ton cœur paternel, mon cœur de religieux
S'est donné tout entier, et chante de son mieux :
  Ad multos annos. »

Sa Grandeur examine ensuite les présents qui lui sont
offerts. Monseigneur sent son cœur déborder de reconnaissance, et ses yeux se mouillent de larmes en considérant les
dons si délicats, si précieux, si bien choisis qu'on a voulu lui
faire. Outre l'ornement complet pour sa chapelle pontificale,
Sa Grandeur, peut admirer un superbe ostensoir, une belle
croix de procession et trois magnifiques lampes : présents

offerts par le digne M. Piron ; calice, missel, porte-missel, grémial, étole pastorale, devant et couverture d'autel, prie-Dieu avec tapis et coussins, encensoir, carillon, rien n'a été oublié par l'affection des parents, des amis, des bienfaiteurs. —Monseigneur s'assied un instant dans un magnifique fauteuil sur lequel sont gravés ces mots : *Noces d'Argent, présent de l'Ile à la Crosse.* Sa Grandeur exprime en termes chaleureux et émus, la surprise qu'Elle éprouve à la vue de ces splendeurs, et surtout le sentiment de gratitude qui déborde de son cœur, sentiment que nous partageons tous si vivement. Que nos bienfaiteurs reçoivent ici l'expression sincère et indélébile de notre reconnaissance, de notre respectueuse affection.

Monseigneur, toujours accompagné du R. P. Visiteur, l'excellent Père Soullier, que nous sommes si fiers de posséder au milieu de nous, et de toute la communauté, se rend ensuite à la cathédrale. Tous, nous nous prosternons aux pieds de Jésus-Eucharistie ; tous, nous le remercions du fond du cœur, des bienfaits dont il nous comble, du bonheur qu'il nous accorde, et nous le conjurons de nous conserver longtemps, bien longtemps encore notre père et pontife bien-aimé. La cathédrale est ornée comme jamais encore elle ne l'avait été ; tentures, guirlandes, oriflammes, tout a été disposé avec un gout exquis par nos chers artistes de Saint-Albert, les R. R. P. P. Blanchet et Vantighen. Les armes du Souverain-Pontife, de Léon XIII, digne successeur du grand Pie IX, les armes de Monseigneur, celles de la Congrégation sont à leur place d'honneur. A côté de *Lumen in cœlo*, on lit : *Infirma mundi elegit Deus.* De Rome, le successeur de Pierre, le Pontife infaillible répand la lumière de la vérité éternelle sur le ciel de l'Église universelle, il guide, il dirige, il gouverne et les pasteurs et les brebis ; pour tous, il est le phare lumineux qui nous montre le port de la vérité, le port de la vie, le port du salut. A Saint-Albert, le pontife qui nous gouverne, répand lui aussi, la lumière de la foi dans les âmes encore assises à l'ombre de la mort, ensevelies dans les ténèbres de l'infidélité; et la lumière qu'il leur communique est d'autant plus abondante, plus efficace, que le pontife s'abaisse davantage à ses propres yeux, et s'enfonce de plus en plus dans les sentiments de la plus profonde humilité.

De chaque côté de l'autel, deux anges adorateurs de grandeur naturelle attirent les regards de Monseigneur. Sa Grandeur ne peut en croire ses yeux. D'où sont venues ces magnifiques statues; d'où sont venus les socles si richement sculptés, si richement décorés sur lesquels elles reposent ? Est-il possible que cet ouvrage ait été exécuté dans ce Nord-Ouest, dans ce pays fermé si longtemps à la civilisation et aux œuvres artistiques? Et pourtant ces deux anges si vivants si bien réussis, à tous les points de vue, si richement peints, sont l'œuvre d'un humble frère convers oblat de Marie Immaculée. Ils resteront là, souvenir impérissable du vingt-cinquième anniversaire que nous célébrons; ils attesteront à nos successeurs, l'amour que nous portons à notre évêque et père; ils rediront à nos arrières-neveux le travail persévérant, dévoué de nos frères convers à qui nous devons aussi, et notre chère cathédrale, et nos modestes églises, et les maisons que nous habitons et qui nous abritent contre l'intempérie des saisons.

Nous nous prosternons tous encore une fois au pied des autels; encore une fois nous épanchons notre cœur dans le cœur de Jésus et de sa Mère Immaculée, et nous quittons la cathédrale, heureux du bonheur de notre évêque, heureux de l'agréable surprise que nous lui avons causée. Notre cher artiste reçoit avec la plus parfaite humilité les félicitations qui lui sont adressées.

A une heure de l'après-midi, la communauté des sœurs de la Charité vient à son tour présenter ses hommages à Sa

Grandeur. La révérende sœur Supérieure, rappelle à Monseigneur, ce qu'il a fait dans le Nord-Ouest, pour elle et pour leurs œuvres, les sacrifices qu'il s'est imposés pour fonder des écoles, des orphelinats, des hôpitaux ; elle redit la tendre sollicitude dont elles sont tous les jours, l'objet de la part de Sa Grandeur ; elle redit encore l'attachement respectueux et sincère, la reconnaissance de sa communauté, les prières et les vœux qu'elles ne cessent d'adresser au ciel en sa faveur.

« Vous avez, mes biens chères sœurs, répond Monseigneur, vous avez une grande part dans le bien qui s'est fait. Sans vous, sans votre abnégation, sans votre dévouement bien connu, je ne pourrais certainement voir aujourd'hui toutes les œuvres de zèle, toutes les œuvres de charité que je suis si heureux de reconnaître. Cette fête que nous célébrons est aussi la vôtre ; vous avez eu une large part à la peine ; il est juste que vous ayez aussi une large part à la joie. Continuez, mes chères sœurs, à faire l'œuvre du bon Dieu ; continuons tous cette vie de renoncement, de dévouement, et tous nous aurons part à la gloire, non plus à une gloire éphémère comme celle d'aujourd'hui, mais à la gloire de Dieu lui-même, à la gloire de l'éternité. »

Monseigneur reçut ensuite avec reconnaissance le présent qui lui fut offert. C'est une jolie cassette contenant tous les objets nécessaires à la visite et à l'administration des malades, présent de la Mère Générale ; c'est un splendide bouquet en cire et symbolique, envoyé de Montréal ; c'est un joli tapis pour le sanctuaire de la Cathédrale, offert par les parents de la sœur supérieure, et un don de 500 francs, produit du travail, de l'industrie et de l'économie des sœurs de Saint-Albert.

Monseigneur se rendit alors à la salle d'école où l'attendaient les Franciscaines et l'Orphelinat de la Mission. Deux adresses furent encore présentées à Sa Grandeur, par les filles de Saint-François, et par les enfants de prédilection de notre Père bien-aimé.

Aux Franciscaines, Monseigneur répondit : « Je vous remercie mes chères filles, des bonnes paroles que vous venez de m'adresser. Je connais votre respect, votre dévouement ; je connais vos œuvres, petites aux yeux des hommes, mais grandes aux yeux de Dieu. Vous êtes ici chez les sœurs, ce que sont nos excellents frères convers par rapport à nous ; la récompense qui vous attend est immense, elle sera en proportion de votre vie humble, cachée au monde, connue de Dieu seul. Dans un édifice, les pierres les plus importantes ne sont pas celles qui paraissent le plus ; ce sont au contraire celles qui sont le plus enfoncées dans la terre. Courage, mes chères filles, par l'humilité vous supporterez l'édifice que nous construisons à la gloire du bon Dieu et de notre sainte religion. Merci des grâcieux bouquets d'autel que vous m'offrez ; c'est le présent de l'humilité, il est d'autant plus cher à mon cœur. »

« Quant à vous, mes enfants, dit Monseigneur aux cinquante orphelins qui l'entouraient, quant à vous, vous savez tout l'amour que je vous porte. Mon désir, mon unique désir, est de vous faire du bien, de faire de vous des hommes, des chrétiens dans toute l'acception du mot. Vous ne resterez pas toujours ici ; plus tard vous vous établirez dans le monde, il faut que vous appreniez ici à devenir dans la suite de bons pères de famille. Le bon Dieu vous a plus aimés qu'une foule d'autres enfants qui vivent dans la misère, dans le dénuement, dans l'ignorance la plus complète, avec leurs parents encore sauvages ou infidèles. Il vous a retirés de cette misère affreuse ; il vous a donné dans la personne des sœurs, des mères dévouées, pleines d'affection pour vous. Profitez bien, mes enfants, du temps que vous passez dans cette sainte maison, aimez bien le bon Dieu, aimez bien la sainte Vierge et devenez des hommes et des chrétiens. »

A trois heures, une nombreuse députation de nos chers colons de Saint-Albert, se presse au salon de l'évêché : Canadiens, Français, Irlandais, Métis se rangent autour de Sa Grandeur. Tous offrent dans leurs langues respectives, l'expression de leur profond respect, de leur amour filial envers la personne de Monseigneur. Pas une adresse, pas une députation qui ne parle de la tendresse, de la bonté paternelle de Sa Grandeur, de l'humilité profonde, du dévouement à toute épreuve du Pontife, de l'Évêque de saint-Albert. Et tous ces sentiments ne sont point une vaine expression de circonstance ; on sent, on voit qu'ils partent du fond du cœur, du fond des âmes, qu'ils sont l'écho fidèle de ce qui est réellement au plus intime de la conscience de chacun. C'est qu'en réalité Monseigneur, pendant ces vingt-cinq années d'épiscopat, a gagné tous les cœurs : c'est qu'il s'est attiré, c'est qu'il a mérité le respect, l'amour de tous, non-seulement de nos catholiques, mais des protestants de toute classe, de toute condition qui nous entourent. Il n'y a pas jusqu'à l'évêque anglican qui ne soit venu, deux jours avant la fête, présenter ses hommages à Monseigneur, et lui exprimer le regret de ne pouvoir venir se mêler à notre population, prendre part à notre solennité, au jour indiqué.

A l'adresse de notre cher peuple de Saint-Albert, Monseigneur répond en embrassant dans une même affection toutes les nationalités. « Mes bons amis, leur dit-il, je suis on ne peut plus heureux de vous voir réunis aujourd'hui auprès de votre Évêque et de votre Père. Vous êtes là, représentant différentes nationalités qui me sont également bien chères. Pendant de longues années, je n'ai guère eu, dans le troupeau confié à ma sollicitude pastorale dans ces immenses territoires, que nos pauvres sauvages et nos bons Métis. Ces derniers ont été les premiers à entrer dans le bercail de l'Église ; ils ont été les premiers à entrer dans la vraie foi ; ils ont été je puis le dire, une source de consolations pour leur évêque et pour leurs missionnaires, par leur docilité aux préceptes de notre sainte religion, par la pratique constante et fidèle de leurs devoirs de chrétiens.

« Aujourd'hui le pays, ouvert à la civilisation et à l'immigration des peuples des contrées éloignées, voit tous les jours arriver un certain nombre de nouveaux habitants, de nouveaux colons. Je vois aujourd'hui des Canadiens, des Français, des Irlandais, tous mus par un même sentiment, se presser autour de moi. Il faut, mes chers amis, que malgré nos origines de races différentes, nous ne fassions tous qu'un cœur et qu'une âme; il faut que nous soyons catholiques avant tout, et que devant ce titre de noblesse, ce titre de notre gloire, s'efface, disparaisse toute raison, tout motif de disparité. Vous qui venez de pays depuis longtemps déjà favorisés du don de la foi, du bienfait d'une civilisation plus avancée, vous vous efforcerez de donner autour de vous le bon exemple sous tous les rapports; l'exemple du chrétien fort, généreux, pratiquant : l'exemple du citoyen dévoué au bien de ses frères et de son pays. Les Métis verront en vous non plus des étrangers, mais des frères desquels ils apprendront ce qu'ils attendent et dont ils recevront le bon exemple ; tous vous ne ferez qu'un seul corps, tous vous oublierez vos nationalités diverses pour ne faire qu'un peuple, peuple de Dieu, peuple choisi, peuple destiné à faire briller à Saint-Albert l'éclat de toutes les vertus chrétiennes, peuple fort par l'union de tous les membres, de toutes les races, de tous les cœurs.

Toute l'assemblée tombe alors à genoux aux pieds de Monseigneur, qui bénit affectueusement cette partie si chère de son troupeau.

Cependant *les cloches* de la cathédrale nous convient au pied des saints autels, pour la bénédiction solennelle du très Saint-Sacrement. Pour la première fois, Monseigneur revêt les ornements pontificaux offerts à l'occasion de la fête.

Le R. P. Visiteur remplit les fonctions de prêtre-assistant ; le R. P. Gasté, condisciple de Monseigneur, et le R. P. Grandin, son neveu, font diacre et sous-diacre d'office.

C'est au pied des autels, sous le regard de Dieu, que se termine ce premier jour de fête. Nous sommes là, quarante membres de la famille, rangés dans le sanctuaire, entourant notre Père bien-aimé, demandant dans toute la ferveur de nos âmes, la bénédiction de Jésus pour lui et pour ses œuvres, pour le diocèse et notre famille religieuse. Nos bonnes sœurs, nos chères Franciscaines, nos orphelins, nos orphelines, nos bons chrétiens remplissent la cathédrale et s'unissent à nous pour conjurer le Dieu de l'Eucharistie de multiplier les mérites et les œuvres de notre saint Évêque, et de nous donner, à nous ses frères en religion, ses collaborateurs dans le saint ministère, dans l'évangélisation du Nord-Ouest, la grâce de marcher sur ses traces et de nous dépenser comme lui à la gloire de Dieu et au salut des âmes.

La récréation du soir se passe dans l'intimité de la famille, et nous entourons Monseigneur d'une tendresse plus filiale que d'habitude encore, s'il est possible. Tout le monde est content, heureux ; tous se préparent à la joyeuse solennité du lendemain. Plusieurs d'entre nous sont occupés longtemps à l'audition des confessions, car nos fidèles se préparent en grand nombre à la réception de la sainte Eucharistie. Ils se font un devoir de communier pour Monseigneur ; ils ont à cœur de profiter de la faveur insigne accordée par le Souverain Pontife à l'occasion des Noces d'Argent, et de gagner l'indulgence plénière que Léon XIII a si gracieusement octroyée pour ce vingt-cinquième anniversaire.

Dimanche, 16 septembre 1883.

De grand matin la communauté va faire visite à Monseigneur et lui demander sa bénédiction. C'est le R. P. André, supérieur du district de Saint-Laurent qui se charge du discours. Le cœur est si plein de son sujet que les paroles, malgré toute la bonne volonté de l'orateur, ne peuvent fournir aux idées ; c'est comme un torrent qui déborde, mais un torrent de l'amour le plus filial et le mieux senti. Le R. P. André parle *ex abundantia cordis*, et dépeint en termes vraiment touchants et éloquents l'union qui règne dans tout le vicariat; pas une note discordante, tous ne forment qu'un cœur et qu'une âme pour aimer Sa Grandeur. « Monseigneur, s'écrie l'orateur, vous êtes pour nous plus qu'un père ; pour nous vous avez toute la tendresse et l'affection d'une mère. Cette tendresse, cette affection nous la trouvons partout; et le jour et la nuit vous songez à nous, vous pensez à nous, vous vous préoccupez de notre bonheur. Si parfois vous êtes obligé de gronder, nous ne pouvons pas ne pas nous rappeler, qu'une mère, elle aussi, gronde quelquefois et corrige ses enfants. Soit que vous félicitiez, soit que vous encouragiez, soit que vous repreniez, toujours et partout on sent la tendresse dont vous nous entourez, on sent le cœur d'un père, le cœur d'une mère; toujours et partout nous sommes heureux sous votre douce et paternelle direction.

« Si la journée d'hier a été pour nous un jour de bonheur, l'allégresse est bien plus grande encore aujourd'hui. Donnons-nous, Monseigneur et Père bien-aimé, l'accolade fraternelle, bénissez nous à l'aurore de ce glorieux anniversaire ; et cette bénédiction, nous allons la porter aux fidèles qui nous attendent au saint tribunal pour se purifier et se préparer ainsi à solenniser avec nous, par la sainte communion, cette fête dont nous garderons tous un éternel souvenir. »

Quelques heures plus tard, la cathédrale se remplit comme aux jours des plus grandes solennités ; elle est impuissante à contenir la foule des fidèles qui arrivent, non-seulement des points les plus reculés de Saint-Albert, mais d'Edmonton, de Notre-Dame de Lourdes et des stations environnantes. Le clergé se revêt alors des ornements sacrés. Le R. P. Visiteur, prêtre assistant, les RR. PP. Leduc et Lacombe, diacres d'honneur, les RR. PP. Lestanc et Grandin, diacres d'office, les RR. PP. Rémas, Gasté et Fafard, porte-chapes, et tous les autres pères et frères en surplis, se rendent de la sacristie à l'évêché où les attend Sa Grandeur. La procession s'organise, *les cloches* sonnent à toute volée, enfin on entre à la cathédrale, au chant des hymnes sacrées. Bientôt commence la messe pontificale avec une pompe, une splendeur qu'on n'avait point encore vues à Saint-Albert. Tous nos fidèles s'extasient devant la majesté de la fête, la splendeur des ornements, la beauté des décorations.

Après l'Évangile, le R. P. Lestanc, prononce le discours de circonstance. Il ne parvient pas toujours à contenir son émotion, qui bientôt se communique à l'auditoire et s'empare de tous les cœurs. On sent, on voit combien Monseigneur est aimé et des fidèles et du clergé. L'orateur s'exprime en ces termes :

« *Infirma mundi elegit Deus.*

« Monseigneur, mes RR. PP., mes bien chers Frères,

« Quand Dieu voulut arracher son peuple de l'esclavage de l'Égypte, il choisit un berger, Moïse ; et de ce berger il fit comme le Dieu de Pharaon, le maître de tous les éléments, l'arbitre de la vie et de la mort. Quand plus tard le Seigneur voulut donner à son peuple un roi selon son cœur, il choisit encore un jeune berger, David, et il revêtit ce jeune homme de sa puissance pour écraser les ennemis d'Israël ; et de sa sagesse pour guider son peuple dans les sentiers de la vertu. Enfin, quand Jésus voulut convertir le monde païen, il se choisit douze hommes pauvres, ignorants et ignorés; il les remplit de son Esprit et les envoya à la conquête de l'univers entier, et l'univers entier a été conquis à l'Évangile.

« Mes frères, le bras du Seigneur n'est pas raccourci, et aujourd'hui comme autrefois, « *Infirma mundi elegit Deus* », le Seigneur choisit la faiblesse pour confondre la force, l'humilité pour briser l'orgueil. Il y a de cela une quarantaine d'années, loin d'ici, au-delà de l'Océan, un enfant de douze à treize ans partageait ses journées entre l'école et la garde d'un troupeau. Ses parents vivaient de leur travail et n'étaient riches que de l'amour de Dieu. Aimés et estimés de tous, ils n'avaient d'autre ambition que d'élever leurs enfants dans la pratique fidèle de leurs devoirs. Le petit Vital répondait aux tendres soins de ses parents par une grande docilité, par une piété précoce et par une amabilité remarquable. Le monde sans doute n'en faisait pas grand cas ; mais Dieu avait jeté sur lui ses regards de complaisance et répétait aux anges : « Cet enfant est pour moi un vase d'élection qui devra porter mon nom aux nations qui ne me connaissent pas. » Comme jadis le jeune Samuel, le jeune Vital entendait la voix du Seigneur qui l'appelait; mais cet humble adolescent ne pouvait pas croire que Dieu daignât jeter les yeux sur sa bassesse. Cependant l'appel se continuait au fond de son cœur. Les anges des pauvres âmes que Dieu voulait sauver par ce jeune enfant ne lui laissaient pas de repos, et ces anges répétaient à Vital, ce que les anges de Macédoine disaient autrefois à saint Paul : « *Passe dans notre pays, viens à notre secours.* »

« Enfin l'enfant s'ouvre à son directeur : « Je désire être prêtre, dit-il, je voudrais même être missionnaire; mais pour cela il faudrait plus de talents, plus de vertus que je n'en ai. Je ne serai jamais digne d'une si belle vocation. » — Que va lui répondre son directeur? — Mes frères, la réponse fut d'un prophète : « Ne sais-tu pas, mon enfant, que Dieu choisit les plus faibles instruments pour exécuter les plus grandes choses : *Infirma mundi elegit Deus.* » Ces paroles relevèrent le courage du jeune apôtre ; il redouble d'ardeur pour l'étude et pour son avancement dans la vertu. Je serai missionnaire ! Cette pensée était pour lui comme un charme qui adoucissait toutes les peines, qui aplanissait tous les obstacles. Au milieu de mille difficultés, il finit son cours d'études, dit un éternel adieu à sa famille et va se préparer aux grands combats apostoliques dans le désert béni de N.-D. de l'Osier, et dans le scholasticat des Oblats de Marie Immaculée, à Marseille...

« Et le voilà missionnaire ! Il part, armé de la croix et revêtu du caractère sacerdotal ; il vole à la conquête des âmes. — La course des apôtres est comparée par l'Esprit-Saint à la marche du soleil qui s'élève, tous les jours, comme un géant pour parcourir sa voie et éclairer toute la terre. N'est-ce pas là aussi, mes frères, la vie de notre évêque ? C'est une lumière, un soleil qui s'est levé en France, qui a parcouru d'immenses espaces pour aller réjouir un instant la Rivière-Rouge ; qui a continué sa marche bienfaisante jusqu'à l'Ile à la Crosse, Athabaskaw et la rivière Mackenzie, avant de venir s'arrêter sur les rives de la Saskatchewan. Le soleil, vous le savez, dissipe les ténèbres, réjouit le monde, réchauffe la terre pour la faire germer, fleurir et fructifier. Voilà les bienfaits que répandent les missionnaires sur leur passage ; voilà ce qu'a fait notre jeune Père Grandin à Saint-Boniface et à l'Ile à la Crosse ; voilà ce qu'il faisait à Athabaskaw. Qu'il y était heureux ! Il avait trouvé ces pauvres sauvages après lesquels il soupirait depuis son enfance. Il dissipe les ténèbres de leur ignorance ; il montre à ces âmes émerveillées les vérités de la foi ; il leur apprend à aimer, à servir Dieu ; il leur ouvre les portes du Ciel. Oh ! que son bonheur est grand ! Il a trouvé ces âmes créées à l'image d'un Dieu, rachetées par le sang du Sauveur! Il s'attache à ces âmes, il veut vivre et mourir au milieu de ces pauvres âmes. « *Hic habitabo quoniam elegi eam* ». Ce sont là désormais ses parents, ses frères, ses amis, ses enfants. Quel spectacle digne de Dieu, des anges et des hommes!

« Le jeune missionnaire était heureux d'évangéliser les pauvres, sans espoir d'aucune récompense sur la terre. Il était heureux de travailler beaucoup et de dépenser sa vie pour les sauvages, quand tout à coup une grande nouvelle vient épouvanter son humilité. Le Pape a parlé, et ses supérieurs ont commandé, il est nommé évêque! Celui qui se croyait indigne d'être missionnaire reçoit l'ordre de monter plus haut; celui qui était trop heureux d'être le serviteur des pauvres sauvages et le dernier dans la maison de son Dieu, est choisi pour être le premier.

« Terrassé par cette nouvelle si inattendue, le nouvel élu se lamente, gémit et se plaint à son Dieu : « Qui suis-je, Seigneur, pour que vous me confiiez l'administration de votre maison. Je n'ai ni talents, ni vertus, ni expérience, ni santé. Je ne suis qu'un enfant, et je ne sais pas parler... » Mais une réponse calme toutes ces appréhensions, dissipe toutes ces objections : « *Virtus in infirmitate perficitur. Infirma mundi elegit Deus.* Je t'ai choisi précisément parce que tu étais petit et méprisable à tes propres yeux. C'est dans la faiblesse des instruments que ma puissance brille de tout son éclat. Ne crains donc rien, je serai avec toi. »

« Relevé par ces paroles encourageantes, le nouvel évêque s'anime d'une sainte confiance en Dieu et dit comme saint Paul... « *Cum infirmor tunc potens sum* »; tant que je serai pénétré de ma bassesse, de mon incapacité, je serai puissant avec le secours de Dieu, et je pourrai tout en Celui qui me fortifie.

« Donc, le jeune missionnaire devenu évêque veut toujours rester humble, petit, faible à ses propres yeux. Voilà pourquoi, dans ses armes, il se compare à un roseau, et à un roseau penché, symbole de la faiblesse ; mais remarquez que ce roseau est *penché vers la croix*. Moïse, par l'ordre de Dieu, se servait d'une verge pour faire des miracles ; Samson avait sa force dans sa chevelure ; mais Monseigneur de Saint-Albert met sa force dans la croix de Notre-Seigneur Jésus-Christ, et la faiblesse du roseau fera aussi des merveilles, remportera d'éclatantes victoires sur l'enfer ; elle étendra le royaume du Grand-Maître jusqu'aux extrémités du Nord : *Mihi autem absit gloriari nisi in cruce Domini Nostri Jesu Christi.*

« Mes frères, que ne puis-je vous raconter les immenses travaux du nouveau prélat dans toutes ces missions d'Athabaskaw-Mackenzie ? Les ouvrages les plus humbles et les plus pénibles recevaient toujours ses préférences. Que ne pouvons-nous le suivre dans tous ses voyages en été et en hiver ! Que de dangers n'a-t-il pas courus ! Comment se fait-il qu'il ne soit pas mort de faim, de fatigue ou de froid ? « *Ex omnibus eripuit me Dominus.* » Le Seigneur l'a visiblement protégé, pour vous le donner, mes bien chers frères. Après qu'il eut porté à tous les sauvages de l'extrême nord, la bonne nouvelle du Saint Évangile ; après qu'il eut créé et arrosé de ses sueurs et de ses larmes le vicariat de Monseigneur Faraud, le Ciel voulut que l'apôtre des Montagnais, vînt offrir aux Cris et aux Pieds-Noirs les bienfaits de son ministère. Et que n'a-t-il pas fait pour ces nations ? Comme le Bon Pasteur, il a couru après ces brebis égarées. Interrogez les chemins qui croisent le pays, interrogez les rivières, les lacs, nos prairies, nos forêts, nos déserts, tous auront à vous raconter des miracles de courage, d'abnégation, de charité. Ce roseau qui penche, qui menace toujours de tomber, comment a-t-il pu tenir tête à tant d'orages, à tant d'épreuves ? Ah ! c'est qu'il s'est appuyé sur la croix, et Jésus ne lui a pas manqué. Il lui a donné, pour l'aider dans son œuvre, des Oblats de Marie Immaculée, des Sœurs de Charité, des ressources providentielles. La France, le Canada et l'Angleterre lui ont fourni les sujets dont il avait besoin pour ses missions, ses écoles, ses orphelinats, ses asiles; et la belle œuvre de la Propagation de la Foi lui a donné, en grande partie, les moyens d'entretenir ces institutions toutes de zèle, toutes de charité...

« Mes bien chers frères, demandons au bon Dieu qu'il multiplie au centuple le bien qui s'est fait par notre doux et saint Pontife. La carrière parcourue a été féconde, bien féconde, éminemment féconde; mais les besoins aussi ont grandi et grandissent tous les jours dans des proportions effrayantes. Le diocèse est immense; partout surgissent des villes et des bourgades; de partout on crie vers Monseigneur, on le supplie d'établir des missions nouvelles, de voler au secours des étrangers qui nous arrivent de tous les points du globe : *Messis quidem multa, operarii autem pauci*; la moisson est abondante, la moisson est mûre; serrons-nous autour de notre Évêque; soyons tous sa joie, sa gloire et sa couronne. Soyons ses imitateurs comme il l'est lui-même de Jésus-Christ et tous nous aurons part au bonheur infini que le bon Dieu lui réserve dans la Jérusalem du Ciel. Ainsi soit-il. »

A la communion, tous nos chrétiens s'approchent de la Table sainte. Monseigneur distribue à tous la divine Eucharistie; pasteur et troupeau s'unissent à leur Dieu dans un même sentiment d'amour et de reconnaissance; la communion est générale comme aux grandes solennités de Pâques et de Noël. A l'issue de la messe, lecture de l'Indult du Souverain-Pontife accordant une indulgence plénière est faite aux fidèles, et Monseigneur donne la bénédiction papale. Tous les fronts s'inclinent sous la main du Pontife qui bénit, au nom du Vicaire de Jésus-Christ, du successeur de Pierre. Sur tous les visages s'épanouit la joie la plus pure; c'est comme un rayon de la céleste patrie qui illumine tous les fronts. Le R. P. Lacombe redit en Cris et en Anglais le discours abrégé du

R. P. Lestanc, et chacun se retire, emportant dans le plus intime de son âme, les émotions délicieuses de cette fête du meilleur des pères, du pontife si cher à nos cœurs.

Cependant la salle du festin a été préparée. Dans l'impossibilité d'y convier tout le monde, je distribue des invitations à une quarantaine de personnes prises dans tous les rangs, dans toutes les conditions ; le pauvre trouve place à côté du riche, et l'Indigène à côté du Canadien, du Français, du Celte et du Saxon. La salle a été décorée avec goût ; un trône a été préparé pour le héros de la fête ; en face de lui, sur un siège réservé, prend place le R. P. Soullier. Chacun fait honneur au festin qui, selon l'expression du R. P. Visiteur, se fait remarquer par mille côtés aimables, et aussi par sa parfaite simplicité. Il était réservé à ce bon Père de couronner ce repas de famille par un discours éloquent qu'il m'est malheureusement impossible de reproduire en entier. Ce discours, sorti du cœur de notre illustre Visiteur, n'ayant pas été écrit, je ne puis par conséquent que le refaire de mémoire, d'une manière bien imparfaite et fort incomplète :

« Monseigneur, on vous a comparé aujourd'hui à Moïse, libérateur de son peuple. Dieu dit à Moise : « J'ai vu l'affliction de mon peuple dans la terre d'Egypte, et le cri des enfants d'Israël est monté jusqu'à moi. Viens, car je t'ai choisi pour tirer ce peuple de la servitude. Tu iras vers Pharaon, tu lui parleras en mon nom. » — Mais Moïse ne sait pas parler, il objecte un défaut de langue — Moi, Monseigneur, je vous comparerai à Jérémie. « Voilà, lui dit le Seigneur que je t'ai pris dès le sein de ta mère pour faire de toi un grand prophète. Tu iras partout où je t'enverrai ; tu diras tout ce que je te commanderai. » Mais Jérémie, lui aussi, a un défaut de langue « *a, a, a, nescio loqui* » Cependant, dès que le Seigneur lui a donné sa grâce, dès que le Tout-Puissant lui a dit : « Voilà que je mettrai mes paroles dans ta bouche ; je t'ai constitué sur les nations pour arracher et pour planter,

pour détruire et pour édifier, » quels prodiges Jérémie n'a-t-il
pas accompli !

« Vous aussi, Monseigneur, quand vous avez été choisi
pour devenir apôtre, vous avez objecté un défaut de langue,
vous croyiez ne savoir pas parler ; mais après la grâce reçue,
après avoir été oint de l'onction sacerdotale, et sacré pontife
du Très-Haut, vous avez opéré des prodiges. Partout où vous
êtes passé, à l'Ile à la Crosse, au Mackenzie, sur les bords de
la baie d'Hudson, et jusque sur les plages de l'océan glacial,
on a vu se multiplier des merveilles. Ici, c'est une église
fondée par vous, la jeune église de St-Albert, aujourd'hui
déjà si prospère, si pleine d'avenir, voyant chaque année
surgir dans son sein de nouvelles missions, de nouveaux
centres d'opérations évangéliques. Vous avez réuni autour
de votre personne vénérée, des collaborateurs, des prêtres,
des religieux oblats de Marie Immaculée, qui, tous les jours,
deviennent plus nombreux, et toujours de plus en plus
dévoués à Votre Grandeur et à son œuvre.

« Monseigneur, combien d'âmes n'avez-vous pas conquises
qui sans vous dormiraient encore du sommeil de la mort ?
Mais que de souffrances n'avez-vous pas endurées ! Le grand
Lac des Esclaves vous a vu égaré sur sa surface glacée, et à
deux doigts d'une mort épouvantable.

« Et dans l'ordre temporel, que de merveilles aussi. Par
vous et par les vôtres, Monseigneur, vous avez ouvert des
chemins au milieu de vastes déserts et d'immenses forêts ;
vous avez jeté des ponts sur les rivières, bâti des moulins,
enseigné l'agriculture, donnant partout l'exemple du travail,
de l'ordre et de l'économie à une population qui avait besoin
d'une influence semblable, pour sortir de l'apathie et de la
torpeur naturelle où elle était plongée. Vous avez ouvert des
écoles, des fermes modèles pour former la jeunesse au
travail, à la science, à la vertu.

« Jouissez, maintenant, Monseigneur, du résultat de vos

travaux ; car, souffrez que je vous le dise, vous êtes un évêque heureux. Oui, Monseigneur, heureux malgré vos difficultés immenses, vos souffrances physiques et vos privations sans nombre ; heureux de l'affection si vraie, si filiale de votre clergé, de vos Pères, de vos communautés, de tous les membres de notre famille religieuse qui voient en vous le meilleur des pères, et qui vous aiment, vous respectent et vous vénèrent comme les meilleurs des fils. »

Monseigneur voudrait répondre ; mais il ne peut dominer son émotion, et l'expression de son amour paternel pour ses frères, ses collaborateurs, pour la congrégation tout entière ne se fait jour qu'au milieu de ses larmes et de celles de tous les convives.

Cependant l'orphelinat de St-Albert a fait son entrée dans la salle du festin, auquel orphelins et orphelines ont pris une part joyeuse. Monsieur l'abbé Beillevaire, l'unique prêtre séculier que nous ayons le bonheur de posséder, va prendre place au milieu de ces chers enfants, et cet ecclésiastique dévoué entonne avec eux la cantate suivante qui fait tour à tour vibrer dans nos cœurs l'espérance et l'amour.

A LA CINQUANTAINE.

« Malgré ses cheveux grisonnants,
Le Père a la même allégresse ;
A voir ses traits frais et brillants,
On le dirait dans la jeunesse ;
 Ayant vu ses noces d'argent,
Et célébré sa vingt-cinquième,
Nous redirons encor souvent :
Ah ! qu'il aille à la cinquantième (*bis*).

« De tous les oblats d'alentour
Il est le charitable père ;
Pour lui son clergé plein d'amour
Partout l'admire et le vénère.

Conservons-lui ce doux trésor,
Chantons d'une voix forte et pleine :
Vive longtemps ce cher Mentor ;
Ah ! qu'il aille à la cinquantaine (*bis*)

« Il a fondé, non sans labeur,
Un diocèse tout immense ;
De ses diocésains, quel bonheur !
Il a l'entière confiance.
Entendons le grand saint Albert
Du ciel bénir sa vingt-cinquième ;
Mais ce qui nous paraît tout clair,
Il bénira sa cinquantième (*bis*)

« Mille saints furent dans ces lieux.
Instruits, formés par ce bon Père ;
Le Ciel écoutera leurs vœux
Et son œuvre sera prospère :
Nous, sa couronne, ses enfants,
Fêtons ici sa vingt-cinquième ;
D'autres plus tard, petits et grands,
Viendront chanter sa cinquantième (*bis*)

« Qu'il vive donc ce doux ami,
Notre tendre et vénéré Père ;
Qu'il vive heureux, longtemps ici,
Faisant tant de bien sur la terre ;
Mais avant qu'il s'envole aux cieux,
Où sa couronne est bien certaine,
Que le Ciel exauce nos vœux :
Ah ! qu'il parvienne à la centaine. (*bis*) »

A trois heures, nous nous pressons tous une dernière fois aux pieds du saint autel, pour les vêpres et la bénédiction du T. S. Sacrement. Les R. R. P. P. Gasté, Fafard, Legoff et Mérer, André et Scolen, se partagent à leur tour les fonctions sacrées ; et le chant de la reconnaissance monte une fois de plus aux pieds du trône de l'Agneau sans tache. Nous redoublons nos instances auprès de Jésus, nous prions avec plus de piété, plus de ferveur encore, pour attirer sur Monseigneur et ses œuvres, les bénédictions les plus abondantes, les plus fécondes, les plus précieuses pour le temps et pour l'éternité. Sa Grandeur, exprime en termes émus, toute la tendresse et toute la gratitude qui débordent de son cœur envers tous ses enfants et tous les généreux bienfaiteurs dont les riches ornements offerts par eux, rediront aux générations futures, la joie de ce grand jour, et en perpétueront le doux et précieux souvenir. Bientôt, Monseigneur imposera les mains à trois jeunes lévites qu'il élèvera au sacerdoce. Les pères Teston, Gabillon et Marchand, dans toute la ferveur de leur ordination, offriront le très-Saint Sacrifice pour ces bienfaiteurs, dont les noms sont gravés dans nos cœurs...

Il est six heures et demie ; notre chère communauté se trouve une seconde fois joyeusement assise autour du père de la famille, pour le repas du soir. Chacun se redit la joie pure, le bonheur sans mélange de la journée. Un seul sentiment meut tous les esprits, tous les cœurs : amour fraternel pur et sincère les uns à l'égard des autres ; amour, respect, vénération envers notre Père, notre Évêque, notre Pontife ; amour de la congrégation et de son chef, amour de notre sainte vocation, à laquelle nous voulons tous correspondre avec une fidélité à toute épreuve.

Le R. P. André prend la parole au nom des absents : « Monseigneur, dit-il, nous voilà réunis en grand nombre autour de votre personne vénérée. Pourquoi faut-il avoir nécessairement à regretter bon nombre d'absences ! Cependant, Monseigneur, si tous vos enfants du diocèse de Saint-Albert ne sont pas là de corps, tous, bien sûr, y sont par le cœur. A ces chers Pères et Frères retenus par le devoir à leur poste de dévouement, de sacrifice et d'abnégation, nous porterons l'écho fidèle de tout ce que nous avons vu, de tout ce que nous avons entendu. Nous leur dirons et l'amour et la tendresse que vous leur portez ; nous leur ferons partager autant qu'il est en nous, le bonheur dont nous jouissons aujourd'hui.

« Maintenant, Monseigneur, permettez-moi de vous parler au nom de nos chers frères convers. Ils m'ont prié, ces dévoués fils de la famille, ces frères bien-aimés, d'être l'interprète de leurs sentiments auprès de Votre Grandeur. Vous connaissez, Monseigneur, leur dévouement à toute épreuve, vous savez leur amour pour Dieu, pour la Congrégation, pour vos œuvres. Ces bons frères, petits aux regards des hommes, grands aux yeux de Dieu, ont bien mérité de la jeune et belle église de Saint-Albert. Par moi, Monseigneur, recevez donc, d'une manière plus spéciale, l'expression de leurs vœux et de leur filial amour. »

Le R. P. Lacombe propose alors un vote de remerciement au R. P. Leduc, pour l'organisation de cette fête de famille à laquelle tous ont pris une si douce et si large part. Vote de remerciement aussi aux autres pères, frères et sœurs qui ont tant travaillé pour en assurer le succès. Mais c'est un devoir pour moi de faire remarquer que l'honneur de l'organisation appartient surtout au R. P. Grandin et à sa famille, au bon Père Vantighen, au R. P. Lestanc. En un mot, tous nous y avons mis et nos mains et nos cœurs.

Le R. P. Rémas, doyen des oblats dans notre vicariat, pressé de prendre la parole, s'excuse en se disant incapable d'exprimer convenablement les sentiments qui remplissent son cœur. Il ne se reconnaît pas le talent nécessaire et s'abîme dans son humilité. « *Qui se humiliat, exaltabitur !* » Je proteste au nom de toute la communauté. Nous voyons avec regret, le R. P. Rémas, s'éloigner de Saint-Albert, pour une autre mission. Ici, il a fait un bien immense ; si nous avons des sauvages, des enfants, des jeunes gens bien instruits, connaissant parfaitement notre sainte religion, et la pratiquant bien, c'est le R. P. Rémas qui les a presque tous formés par une instruction suivie, persévérante, dévouée, s'il en fut jamais, instruction donnée à toute heure du jour et de la nuit dans de solides et longs catéchismes.

Le R. P. Grandin, cédant à nos instances réitérées, dit en peu de mots avec la plus parfaite modestie, ce que sa famille a fait pour la fête. Son frère entre autres, Monsieur l'abbé Augustin Grandin, a montré un zèle, une générosité au-dessus de tout éloge.

Il appartenait au R. P. Visiteur, de porter le dernier la parole. Il le fit à peu près en ces termes :

« Monseigneur, mes bien chers Pères et Frères,

« Dès demain, nous allons commencer à nous disperser. Je vais partir moi-même par le lac Labiche, et lorsque je reviendrai, la plupart d'entre vous auront repris le chemin de leurs missions respectives. Je ne reverrai plus ici-bas plusieurs de ces bons religieux qu'il m'a été si doux de rencontrer et de connaître. Gardons bien le souvenir de cette fête un instant dérobée aux fêtes du ciel; gardons bien les fruits de la sainte retraite qu'il nous a été donné de faire ensemble, et combattons, avec un nouveau courage, les combats du Seigneur. Pour moi, je n'oublierai jamais ce dont j'ai été témoin. Je conserverai bien avant dans mon cœur votre souvenir à tous, bien-aimés Pères et Frères. Vous pouvez compter sur mon affection, sur mon dévouement à vos personnes et à vos œuvres. Soyez toujours la consolation, l'appui de votre Évêque et Père vénéré ; et maintenant adieu, adieu ; en Dieu je vous donne rendez-vous. »

Tel est, le récit bien imparfait que j'avais à vous faire. Veuillez le recevoir malgré ses lacunes et ses nombreux défauts. Il sera malgré tout une preuve de ma bonne volonté.

Avant de nous disperser, il nous restait un grand devoir à remplir : celui de porter aux pieds de Léon XIII, l'expression de notre reconnaissance pour la part prise par Sa Sainteté à notre fête de famille. Nous voulions dire aussi au successeur de Pierre, notre attachement inviolable au Siège apostolique. Nous le fîmes dans l'adresse suivante :

« Très Saint Père,

« Prosternés en esprit aux pieds de Votre Sainteté, nous venons Lui exprimer notre vive reconnaissance pour la faveur insigne qu'Elle a daigné accorder au clergé et aux fidèles du diocèse de Saint-Albert, à l'occasion du vingt-cinquième anniversaire de la préconisation de Monseigneur Grandin, notre évêque bien-aimé.

« Accourus des missions les plus éloignées à la résidence épiscopale, pour assister aux exercices de la retraite annuelle, et en même temps à la célébration de la grande solennité du jubilé de notre vénéré Père, qu'elle n'a pas été notre joie d'apprendre que Votre Sainteté, en date du 27 mai dernier, lui accordait la bénédiction apostolique ainsi que le pouvoir de donner la bénédiction papale, avec indulgence plénière, aux missionnaires et aux fidèles de Saint-Albert.

« Très Saint Père, cette communication a été pour nous, pères et frères, membres de la congrégation des Oblats de Marie Immaculée, une nouvelle bien consolante, en nous montrant que le Père commun des fidèles pense à nous, pauvres missionnaires perdus dans ces régions reculées du Nord de l'Amérique.

« C'est pour témoigner notre reconnaissance à Votre Sainteté, pour cette grâce signalée, que nous prenons la liberté de Lui envoyer cette adresse, en La priant de l'accueillir avec la bienveillance qui L'anime à l'égard de tous ses enfants.

« Laissez-nous, Très Saint Père, à cette occasion, Vous assurer de notre dévouement et de notre attachement inviolable au siége apostolique, et à la personne sacrée de Votre Sainteté.

« En travaillant à étendre dans ces contrées lointaines le règne de Notre-Seigneur Jésus-Christ, et en nous efforçant de pénétrer les cœurs de sa divine doctrine, nous nous appliquons d'une manière spéciale à inculquer à nos chrétiens la nécessité d'aimer le Pape et de rester inviolablement attachés à la chaire de Pierre, chaire qui est le fondement de la vérité et le lien d'union de tous les catholiques répandus sur la terre.

« Très Saint Père, nous sommes heureux d'affirmer à Votre Sainteté que le nom de Léon XIII est aimé et vénéré de tous nos chrétiens, sans distinction de classe ou de nationalité ; que, prêtres et fidèles, nous ressentons vivement les épreuves et les douleurs par lesquelles Dieu fait passer l'Église et son chef vénéré. Et nous, missionnaires, au milieu de nos labeurs et de nos difficultés, nous puisons une grande force dans l'exemple de fermeté, de patience et de douceur que nous donne le Vicaire de Jésus-Christ. Nous remercions Dieu de nous avoir donné un pontife si providentiellement choisi pour gouverner l'Église dans ces temps malheureux.

« En nous pénétrant de ces sentiments, Très Saint Père, et en les inspirant à nos néophytes, nous suivons l'exemple de notre évêque bien-aimé qui est en tout notre modèle : en dévouement, en zèle pour le salut des âmes, en piété et en charité, mais surtout en amour pour le Saint-Siège et le Souverain Pontife. Aussi Dieu a fait de grandes choses par lui dans ce pays.

« Pendant les vingt-cinq années de son épiscopat, Monseigneur Grandin a accompli une œuvre immense, en créant le diocèse de Saint-Albert. Cette création honore grandement l'Église en ce pays, ainsi que la congrégation des Oblats dont il est un si digne membre. Aussi, en ce jour solennel, tous, prêtres et fidèles, accourent à l'envi, autour de ce pasteur si bon, pour célébrer son jubilé épiscopal et demander à Dieu de le conserver de longues années encore à la religion et à notre amour.

« Pour nous, Très Saint Père, religieux oblats, et prêtres séculiers, nous nous prosternons humblement aux pieds de Votre Sainteté, La priant de nous bénir, ainsi que nos missions, pour que nous soyons de dignes ouvriers apostoliques et de saints religieux.

« Nous sommes, Très Saint Père, — de votre Sainteté, avec le plus profond respect, les très humbles et dévoués fils. »

(Suivent les signatures.)

Outre cette adresse au Souverain-Pontife, nous en adressâmes une autre à notre Père général. C'était un besoin de notre cœur, un devoir de piété filiale qu'il nous a été bien doux de remplir.

H. LEDUC, prêtre. o. m. i.

Nous avons pu nous procurer quelques unes des adresses envoyées à Monseigneur Grandin, à l'occasion de *Ses Noces d'Argent;* leur lecture, nous en sommes convaincu, intéressera les nombreux amis de l'évêque de Saint-Albert.

« MONSEIGNEUR,

« Nous avions espéré qu'au moins l'un d'entre nous, pourrait aller vous porter les vœux et les souhaits de toute votre famille, et vous offrir un faible témoignage de ce que nos cœurs auraient tant désiré faire pour vous, à l'occasion de vos *Noces d'Argent.* Mais hélas ! depuis longtemps vous le savez, Monseigneur : l'homme propose et Dieu dispose ; vous, mieux que personne, connaissiez les désirs de quelques uns d'entre nous, et c'est sur votre conseil qu'a été abandonné le projet caressé et nourri depuis de longs mois, d'aller jusqu'à Saint-Albert, vous offrir les vœux de tous les vôtres et fêter avec les fidèles de votre diocèse, le vingt-cinquième anniversaire de votre épiscopat.

« Incapables de prendre part à cette belle fête destinée à honorer ce frère, cet oncle que tous nous aimons et vénérons à si juste titre, et qui nous a toujours témoigné une affection si vive, nous nous réunissons tous pour charger le cher Père Henri Grandin, de nous remplacer en cette circonstance solennelle et d'offrir à Votre Grandeur nos hommages et nos vœux les plus ardents et les plus sincères. Oui, Monseigneur, puisse le divin Maître, exaucer nos prières et vous conserver de longues années encore à l'église de Saint-Albert, pour sa gloire, le bien des âmes et la consolation de tous ceux qui vous aiment. Ce sont les vœux que nous formons tous aujourd'hui, en union avec vos dévoués missionnaires et vos bien-aimés diocésains, en vous priant de nous donner une large

part aux bénédictions que vous répandrez sur eux en ce
grand jour de fête.

« Jean GRANDIN, prêtre, chanoine.
Frédéric GRANDIN et sa famille.
Florent GRANDIN et sa famille.
Mélanie GRANDIN.
Henri, Vital, Augustin, Léon, Émile GRANDIN.
Vital, Thérèse HEURTEBIZE.
Joseph, Marie HEURTEBIZE. »

LETTRE A MONSEIGNEUR GRANDIN
ÉVÊQUE DE SAINT-ALBERT.

« Paris, le 20 mai 1883.

« Monseigneur,

« On nous dit ici que dans quelques semaines Saint-Albert
sera en fête. Vos diocésains : Missionnaires, religieuses,
orphelins, riverains de la Saskatchewan et des lacs, coureurs
des bois et voyageurs des prairies, sauvages et civilisés,
s'apprêtent à célébrer le vingt-cinquième anniversaire de la
préconisation et du sacre de leur évêque. Il y aura du monde
à Saint-Albert comme on n'en a jamais vu ; non pas par toutes
les routes, car les voies carrossables doivent être rares chez
vous, mais de tous les points de l'horizon on verra déboucher
et accourir, alertes et joyeux, des gens de tout âge et de toute
religion, chargés de cadeaux destinés à honorer vos *noces
d'argent*, et surtout avides de recevoir votre bénédiction.
Mieux encore : un grand archevêque dont vous fûtes le
coadjuteur viendra, dit-on, du Manitoba, et franchira la dis-

tance de trois cents lieues qui sépare Saint-Boniface de Saint-Albert, pour être à vos côtés et vous présenter à la foule ; enfin, toujours d'après les on-dit, un évêque du Canada, jeune et aimable, ami des Oblats qui le vénèrent, se joindra à ce cortège. Il y aura grande liesse au pays lointain dont vous êtes l'évêque.

« Voilà un merveilleux programme. Nous en sommes ravis dans notre vieille Europe et c'est à n'y pas croire. Est-ce simplement une légende tissue par l'affection filiale, exagérée comme un conte oriental, ou bien est-ce, dites-moi, une nouvelle, sérieuse aujourd'hui et qui demain sera de l'histoire ? Ah ! Monseigneur, tirez-nous d'embarras au plus vite et racontez-nous, sans tarder, ces belles fêtes, ou faites-nous donner par quelque *reporter* de votre entourage une description pittoresque de tout ce qui va se faire et se dire ; en un mot, de tout ce qu'on verra bientôt à Saint-Albert.

« En attendant, rajeunissons nos souvenirs.

« C'était le 30 novembre 1859. Vous étiez bien jeune encore, trente ans seulement, Mgr DE MAZENOD, de ses mains exercées à ce ministère, vous élevait au rang des pontifes. Et au soir de ce beau jour il écrivait dans son journal : « Voici encore un des beaux jours de ma vie ! Je viens de consacrer évêque avec l'assistance de Messeigneurs de Fréjus et de Cérame notre bon, notre vertueux, notre excellent Père GRANDIN. Il avait été faire son noviciat pour l'épiscopat dans l'horriblement pénible mission des immenses régions glaciales renfermées dans le diocèse de Saint-Boniface, pendant cinq ans d'un travail surhumain. Élu et préconisé depuis deux ans évêque de Satala *in partibus infidelium* et coadjuteur de Saint-Boniface, j'ai dû attendre qu'il eût le temps d'arriver jusqu'à moi pour que je lui impose les mains. C'est un privilège que je me suis réservé et que ne m'a pas contesté notre cher Monseigneur TACHÉ, évêque de Saint-Boniface. »

« Il y en a comme ça pendant deux pages. N'anticipons pas

sur l'histoire; et puis, si j'écrivais longuement vos louanges, vous déchireriez le compliment en m'accusant d'être un indiscret et de vous faire perdre votre temps. *Absit!*

« Vous ne pouvez pas cependant nous défendre de relire nos annales et trouver mauvais que nous fassions écho aux clameurs joyeuses qui vont saluer là-bas votre premier jubilé. Il y a loin de Paris à Saint-Albert. Ne pouvant assister à l'office pontifical et prendre place dans la salle du festin — quel festin! gardons-nous toutefois de le calomnier d'avance — nous nous collons aux portes pour entrevoir par les serrures et pour entendre par les planches mal jointes. Et puis, pour nous dédommager de si mal voir et si mal entendre, à la distance où nous sommes, nous feuilletons les chroniques, toutes pleines de votre souvenir et de votre nom.

« Elles parlent longuement de vos voyages. Mais comment vous suivre? Vous marchez si vite : de Saint-Boniface à Good Hope, du Canada au cercle polaire; sur les bords de tant de rivières débordées, sur la route lisse et brillante des lacs durcis et congelés; en raquettes ou sur un traîneau d'où vous guidez des chiens affamés et hargneux; à tant de stations qui, sur la carte, paraissent être des bourgades peuplées, et qui, vues de près, ne sont qu'un assemblage misérable de quelques huttes enfumées : vous êtes partout et vous passez rapidement, votre itinéraire est comme une traînée de feu qui nous échappe.

« Et vos bons sauvages! Ce sont ces chers déshérités qui, après Dieu, sont les maîtres de votre cœur. Comme vous les aimez et comme nous les aimons, nous aussi, à cause de vous et de la Congrégation qui les a adoptés! Pour les visiter et les instruire, rien ne vous arrête : ni les frimas, ni les nuits glaciales, ni les campements dans la neige avec des sauvages déguenillés à vos côtés et des chiens sur vos pieds pour chancelière. Et encore si vous pouviez dormir dans ce silence des déserts et sous la rigueur de ce froid pénétrant; mais non, mille supplices vous torturent, mille invisibles ennemis vous font la guerre. Horace disait d'eux autrefois :

> Mali culices, ranæque palustres
> Avertunt somnos. . . . . (1).

« Les cousins importuns — là-bas vous dites les maringouins ; quels affreux petits bourreaux ! — les grenouilles criardes empêchent de fermer l'œil. Ajoutons : les loups qui hurlent. Ah ! Monseigneur, en vous voyant si persécuté, si livré à des souffrances lentes et qui martyrisent sans gloire, toujours heureux malgré cela, à la recherche des âmes, je relis avec délices les pages immortelles de Louis Veuillot consacrées au missionnaire du North-West-Territory. En quelques lignes il a fait votre portrait, il vous a placé à côté de saint Labre ; le mendiant du Colisée et l'*évêque pouilleux* de l'Amérique du Nord sont bien de la même famille : celle des héros et des saints.

« Et puis, Monseigneur, pour tout dire en ce jour où tout se dit et se répète : je vous ai vu pleurer.

« On dit, en effet, que vous pleurez souvent.

« Et, en vérité, je ne puis m'en étonner : les sujets de tristesse ne vous manquent pas, et longue serait la liste de vos déceptions et de vos amères douleurs. Vos Missionnaires dispersés au loin et succombant à la peine, vos sauvages décimés par la famine et la petite vérole, vos caravanes dispendieuses, péniblement organisées et promptement réduites à rien ; vos serviteurs et engagés, aveuglés par les *poudreries* d'hiver, et vos chevaux lourdement harnachés, se refusant à traîner leur charge ; vos beaux ornements, vos objets religieux, dons de la charité européenne, jetés à l'eau et perdus sans ressource dans des marais et au passage de gués dangereux ; votre maison de l'Ile à la Crosse flambant en une

____

(1) Horace, *Satires,* liv. I, v.

nuit d'hiver comme les sarments qui pétillent dans l'âtre ;
vos Missionnaires mourant de faim, vos orphelins, vos
religieuses sans secours, et vous-même, Monseigneur ! Ah !
faut-il parler de vous ? vous qui vous oubliez toujours pour
ne penser qu'aux autres. N'est-ce pas assez de désolations et
faut-il attrister votre fête par l'énumération de tant de souffrances ? Et cependant, je vous vois d'ici et ne puis détacher
mon regard de ce missionnaire évêque, traînant la fièvre et
ses jambes engourdies par les rhumatismes, dans la boue des
neiges fondues et dans le lit des torrents. Qui voudrait
croire à la vérité de ce récit : un évêque poussant à la roue
pour remettre en mouvement un attelage embourbé, exci-
tant bêtes et gens et parcourant des milles sans fin dans des
pays sans routes et sans relais, livré au péril de tous les
accidents et de tous les éléments ?

« Vous pleurez, Monseigneur ; et qui donc ne pleurerait avec
vous ? Mais aussi, quand vos sauvages sont rangés autour de
vous, et que votre zèle en fait des chrétiens, quelle compen-
sation à vos souffrances ! Des tribus entières vous doivent le
salut ; vous entrerez en paradis à la tête d'une procession
d'abandonnés, recueillis dans votre manteau d'apôtre.

« Je n'ai pas énuméré tous vos sujets de larmes. La civilisation qui monte vers vos régions, inaccessibles jusqu'à ce
jour, vous inspire de secrètes terreurs. Ces steamboats qui
sifflent sur les rivières, ces locomotives dont la fumée assom-
brit l'horizon, tous ces engins nouveaux dont le bruit se
rapproche, vous en avez peur. En vain vous dit-on que les
distances s'effacent, que l'apostolat sera plus facile, vous
n'êtes pas rassuré. Pour vous, la civilisation, c'est la mort
de vos sauvages, mort temporelle et mort spirituelle. Les
chemins de fer et les bateaux à vapeur vous apparaissent
comme les colporteurs du vice ; ces machines recèlent de
mauvaises doctrines, des journaux, du poison dans leurs
flancs. Que vont devenir vos enfants des bois ? L'industrie, le

commerce, les intérêts cupides se partageront bientôt leurs
dépouilles; les terres froides seront livrées aux explorateurs
hardis; les sauvages, refoulés dans leurs réserves, s'en iront
peu à peu, tribus par tribus, familles par familles; les blancs
les remplaceront et on entendra des blasphèmes là où vous
pouviez chanter des cantiques en montagnais et en langue
crise. En vérité, il est bien permis de concevoir quelques
alarmes à la pensée de cet avenir. L'évêque lutte toujours
pour l'âme et la liberté de ses pauvres chrétiens. Ne pouvant
refouler l'invasion, il ne cède le terrain que pied à pied et,
pressant sur son cœur ses sauvages pourchassés, comme
autrefois Las Casas ses Indiens, il dispute ce cher troupeau
à l'envahisseur, demandant à mourir avec ceux qu'il aime.

« Voilà ce que nous avons vu et ce que nous savons.

« Consolez-vous, apôtre, missionnaire des pauvres. Tout ne
sera pas perdu du labeur et des sacrifices passés. Il ne sera
pas dit que l'évêque dont la voix retentit dans tant d'églises
de France en faveur de l'Œuvre de la Propagation de la Foi,
verra s'éteindre le flambeau évangélique dans l'Église loin-
taine qu'il a fondée. Et le Pontife qui, dans Paris, signa tant
de fronts d'enfants du sceau des parfaits chrétiens, qui parla
avec tant d'éloquence à ses jeunes auditeurs de la grande
capitale du monde civilisé, de leurs petits frères délaissés des
pays sauvages, n'aura pas la douleur d'assister à l'agonie de
la foi au cœur des chrétientés magnifiques créées par son
zèle. Non, Monseigneur, vous ne serez pas frustré de tout
gain dans la répartition de l'héritage du père de famille; vous
avez semé dans les larmes, la récolte viendra. Déjà les
hommes s'étonnent de ce qu'un apôtre a pu faire, et un gou-
vernement protestant a rendu hommage aux créations de
l'évêque catholique : son estime, sa protection lui sont acqui-
ses. Une de ces stations civiles, perdues aux grand'gardes de
la civilisation qui monte, porte le nom du missionnaire de la
vérité, et un jour le nom de Grandin sera plus sonore dans

l'immense Amérique du Nord que le nom, déjà si français, de Brazzaville au Congo. Les hommes passent, mais les œuvres et les mérites restent. Vous êtes, évêque de Saint-Albert, du nombre de ceux qui élèvent des constructions durables, au sein des orages et des sociétés qui chancellent : *Æternitati pingo*.

« Nous vous envoyons, Monseigneur, nous vos frères et vos contemporains d'Europe, le souhait traditionnel des grands jours : *Ad multos annos*. Notre zèle qui se heurte ici à tant d'obstacles et à tant de sottes mesures, se rallume en nos poitrines aux flammes du vôtre. En vous voyant passer, toujours écrasé de fatigue et toujours debout, nous sentons renaître en nous cette force d'âme virile que l'on trouve au cœur sacré de Jésus et dans la compagnie de ses infatigables hérauts.

« Dans la corbeille de vos noces sacerdotales, où les sauvages et les gens des postes et des Forts de la Saskatchewan vont déposer leur modeste offrande : peaux de caribou ou premiers produits d'une terre péniblement remuée, je veux, moi, mettre une pierre précieuse. Ce fut un grand chrétien qui me la confia il y a déjà longtemps ; je l'ai conservée pour le jour où les hommes demanderaient un rubis pour l'enchâsser dans votre couronne d'épines. Un maître dans les lettres, à qui l'Académie française n'a pas ouvert ses portes, mais à qui l'histoire donne déjà l'immortalité, Louis Veuillot, m'écrivait, à la date du 15 janvier 1868 : « Quel bel évêque vous avez dans les glaces ! C'est bien lui qui fait comprendre que le froid brûle ! »

« Cette phrase sent son grand-homme ; pour ne rien dire de vulgaire qui en dépare la beauté, je m'arrête ici, Monseigneur, et je baise vos mains et vos pieds d'apôtre avec un respect tout fraternel. »

« Mission de la Nativité, 30 juillet 1883.

A MONSEIGNEUR VITAL GRANDIN, ÉVÊQUE DE SAINT-ALBERT

« Monseigneur,

« Comme vos frères oblats de Mackenzie, à cause des grandes distances et des difficultés de communications que vous connaissez par expérience, ne peuvent se rendre à Saint-Albert, pour fêter vos *Noces d'Argent*, permettez-leur, au moins, en ce glorieux anniversaire de votre épiscopat, de prier pour vous de tout leur cœur et de vous féliciter. Oui, Monseigneur, c'est de tout cœur que nous nous unissons à tous nos frères de votre diocèse, et que nous formons les vœux les plus sincères pour la prolongation de vos jours, pour le bonheur de nos frères, de votre diocèse et enfin de toutes vos ouailles.

« Tous les Pères et Frères de Mackenzie qui vous ont vu et connu, lorsque Votre Grandeur était parmi nous en ces lieux que vous avez visités en tous sens, ont conservé le meilleur souvenir de vous. Rien ne vous arrêtait, lorsqu'il s'agissait de faire le bien; voyages pénibles, privations, la maladie même, rien ne vous arrêtait : aussi le Seigneur, voyant tant de zèle et de dévouement, avait-il béni vos entreprises que vos frères ont essayé de poursuivre à votre exemple. Certainement, Monseigneur, votre séjour au Mackenzie avait été un grand stimulant pour tous les missionnaires qui résidaient alors dans le vicariat. Le souvenir de votre zèle et de votre dévouement est encore présent parmi eux, et continue à les encourager.

« Quant aux missionnaires arrivés dans le Vicariat après votre départ pour votre diocèse de Saint-Albert, ils ont vite appris à connaître vos vertus apostoliques, soit de la bouche des anciens missionnaires, soit de celle des *bourgeois*, des *blancs* et de toutes nos tribus indiennes. Tous se souviennent avec bonheur de Monseigneur Grandin.

« Ce qui fait notre joie, à nous qui sommes vos frères en religion, et vos frères missionnaires, c'est que nous apprenons que, de même que vous saviez faire des heureux partout dans nos parages retirés, l'expérience vous a de plus en plus confirmé dans cette heureuse disposition et habileté à faire le bien et à faire des heureux.

« Aussi avec nos frères de votre diocèse et avec tous vos nombreux frères et amis de tous pays, nous vous félicitons de tous ces dons précieux que vous a accordés le Seigneur, et nous le remercions tous ensemble de la prolongation de vos jours, malgré vos souffrances, et vos fatigues supportées pour l'amour de Dieu et l'amour des âmes.

« Oui, tous les Missionnaires actuellement résidant à la Mission de la Nativité, anciens et nouveaux, et au nom de tous nos frères les plus éloignés dans le Nord, nous adresserons des vœux bien ardents au Seigneur, pour votre bonheur et la prospérité de vos œuvres. Le 30 novembre, au jour où cette adresse vous sera remise, sans doute, nous serons tous aux pieds des autels, priant pour vous, et prenant part de loin à la belle fête qu'on fera à Saint-Albert.

« En retour, Monseigneur Clut et les missionnaires actuellement présents à la Nativité, prient Votre Grandeur, d'envoyer en ce jour, une bénédiction paternelle à tous vos frères du Vicariat et à tous vos anciens enfants du Mackenzie.

« Veuillez, Monseigneur, agréer ces sentiments respectueux de tous vos frères soussignés.

« † Isidore CLUT, o. m. i.
« Év. d'Arindèle. »

A. LAITY, prêtre, o. m. i.	Alb. PASCAL, prêtre, o. m. i.
J.-E. SALASSE, o. m. i.	A. de CHAMBEUIL, prêtre, o. i. m.
C. ROUSSET, Nov. o. m. i.	H. SCHEERS, o. m. i.

« Très vénéré et bien-aimé Seigneur,

« Il était donc écrit que même ma pauvre lettre ne serait pas de cette belle fête, à laquelle j'aurais été si heureux d'assister, mêlant ma voix à la voix de vos enfants, et criant avec eux ces joyeux vivats qui auront salué vos *Noces d'Argent*.

« Dieu ne l'a pas voulu.

« Soyez sûr, du moins, Monseigneur, que je me suis dédommagé de mon mieux, en m'unissant de cœur à ces joies si légitimes, et demandant à Dieu, par les vœux les plus ardents qu'il veuille bien répandre, plus que jamais sur Votre Grandeur, ses plus précieuses bénédictions, et vous conserver longtemps encore à notre amour.

« Oui, Monseigneur, vivez longtemps, longtemps, jusqu'aux *Noces d'Or*, ne fusse que pour donner la leçon à ces pauvres docteurs, qui vous disaient avant votre départ : « Si vous allez en mission, vous n'en avez pas pour six mois. »

« Il y a de cela vingt-cinq ans. Pourquoi Dieu ne doublerait-il pas ce nombre? C'est notre vœu, Monseigneur, et ce sera notre prière bien fervente. Veuillez-nous le pardonner. Je sais qu'au premier abord cela ressemble beaucoup au vilain égoïsme, cet horrible vice qui fait tant de ravages aujourd'hui, et pourtant rien de plus faux que ce jugement, quand on réfléchit. Sans doute le ciel est beau ; rien que d'y penser on sent son cœur tressaillir, et, si la mort venait vous visiter, ce serait pour vous en ouvrir la porte, je n'en doute pas ; mais Votre Grandeur ne perdra rien pour attendre : il y a dans le Paradis des degrés différents dans la gloire et la félicité, et chacun y est placé selon ses œuvres. Or, Monseigneur, vous avez fait un si bon emploi des années passées,

qu'en demander pour vous de nouvelles, c'est demander
l'occasion de multiplier vos vertus, et de mériter aussi une
plus belle couronne. Vos intérêts les mieux entendus, se
trouvent donc ici confondus avec les nôtres ; et dans le
prolongement de votre vie de travail et de souffrances, c'est
votre bien comme le nôtre que nous avons en vue. Vos travaux passeront vite, quelque longs qu'ils puissent être, et la
gloire qu'ils vous auront acquise, vous en jouirez toujours.
A nous maintenant à profiter de vos exemples si beaux ;
mais je vous l'avoue, Monseigneur, quand je compare à votre
généreux dévouement, ma lâcheté, à vos jours si pleins, mes
jours si vides, je sens la rougeur de la honte me monter au
visage, et je me prends à trembler. Et comment en serait-il
autrement ? ma fin approche, je suis au milieu de ma soixante-
dix-neuvième année. Quel compte à rendre et rien à présenter ! O vous, Monseigneur, à qui Dieu ne peut rien refuser, parce que vous lui avez toujours donné tout ce qu'il vous
a demandé, veuillez, je vous en supplie, m'obtenir la grâce
de sanctifier du moins le peu de temps qu'il me reste et de
combler à force d'amour les vides du passé.

« Ne fut-il pas dit à Madeleine : « *On lui a beaucoup par-
donné, parce qu'elle a beaucoup aimé.* » Que je puisse entendre
aussi ces douces paroles.

« Agréez aussi les miennes, bien-aimé Père, et les vœux
de mes deux sœurs qui ne vous oublient point et offrent
pour vous leurs souffrances, et envoyez-nous, par votre bon
ange, votre bonne bénédiction.

« Aux pieds de Votre Grandeur,

« *Votre très humble et tout dévoué serviteur*,

« A. BOUTTIER, prêtre,
« Ancien Supérieur du Petit Séminaire de Précigné,
« Supérieur des Petites-Sœurs de Jésus. »

A SA GRANDEUR MONSEIGNEUR VITAL-JUSTIN GRANDIN,
ÉVÊQUE DE SAINT-ALBERT.

« Monseigneur,

« On va donc procéder à la célébration de votre vingt-cinquième année d'épiscopat, et vous me permettrez de me joindre d'esprit et de cœur à tous ceux qui vont à l'envi vous offrir les meilleurs souhaits et les plus beaux compliments. Je dis : *Amen*, et j'applaudis à tout ce que les mieux inspirés trouveront à vous dire à cette occasion, et je prétends ne le céder à personne pour la sincérité et la vivacité de mes vœux pour votre bonheur et la prospérité de vos œuvres. Peut-être, Monseigneur, votre excessive bienveillance à mon endroit, vous fera-t-elle regretter mon absence de ces belles fêtes ; mais j'ai un mot à vous dire qui vous consolera, sans doutee, de mon éloignement. Le voici : J'ai été invité, quand on me croyait au lac Labiche, non seulement à assister à vos *Noces d'Argent*, mais encore à *porter la parole* en cette circonstance, c'est-à-dire, à faire votre *panégyrique*. Voyez-vous, Monseigneur, à quel danger vous avez échappé, providentiellement il faut l'avouer, car croyez-vous que j'aurais ménagé l'encens en votre honneur ? Et dans mon ardeur à vous louer, n'aurais-je pas eu la maladresse de vous envoyer mes coups d'encensoir trop près du visage et de vous tenir dans une crainte continuelle de quelque meurtrissure ? C'est-à-dire, en laissant les métaphores de côté, j'aurais célébré vos vertus avec l'entraînement que donne une conviction profonde, mais pas assez délicatement pour ne pas alarmer votre humilité! Vous devez donc vous féliciter, Monseigneur, de la nécessité imprévue qui m'a écarté de toute participation à ces belles fêtes en votre honneur. Pour moi, je puis bien regretter de n'y point assister, et de manquer une si bonne occasion de faire de l'éloquence à vos dépens. Mais d'un autre côté, je me console en pensant qu'un autre fera beaucoup mieux que moi, et puisque la volonté de Dieu me retient dans ces parages, je lui ferai le sacrifice des joies que j'aurais pu goûter et le prierai avec autant de ferveur, de vous conserver *ad multos annos.*

« Maintenant, Monseigneur, vous me permettrez de résumer les titres qui me font un devoir de vous offrir mes vœux les plus ardents. Ces titres me viennent de la terre et du ciel : de la terre puisque notre famille a l'honneur d'être unie à la vôtre par les liens du sang, et je me fais l'interprète de ceux qui restent d'entre nous, peu nombreux, hélas ! et vous présente les plus respectueux hommages en leur nom et au mien. Du côté du ciel, je ne puis oublier que c'est vous qui m'avez tiré de la terre d'Égypte et amené dans cette Terre Promise des missions du Nord, c'est vous qui m'avez fait religieux, et ce n'est pas votre faute si je ne suis pas plus fidèle. Tout cela ne suffit-il pas pour que du fond de mon âme je vous offre, en signe de reconnaissance, les souhaits et les vœux les plus sincères, en ce jour béni de vos Noces d'Argent. *Ad multos annos !* Vivez longtemps encore, Monseigneur, vivez heureux, et puissiez-vous voir le catholicisme s'établir sur des bases solides dans toute l'étendue de votre diocèse, et tenir tête aux flots de l'immigration protestante. Puisse le ciel après vous avoir éprouvé par de si nombreuses et si pénibles tribulations vous faire passer désormais par une série ininterrompue de triomphes, de consolations et de paix, avant de vous accorder la récompense finale due à tant de travaux.

« Daignez, Monseigneur, nous accorder, à moi, à toute ma famille et à nos pauvres missions, votre sainte bénédiction.

« J'ai l'honneur d'être, avec le plus profond respect et la plus vive affection,

« Monseigneur et bien cher Père,

« De Votre Grandeur,

« *L'humble serviteur et frère,*

« E. GROUARD, O. M. I. »

Mission Saint-Charles,
8 mai 1883.

HABITANTS DE Sᵀ-ALBERT A MONSEIGNEUR VITAL GRANDIN.

« Monseigneur,

« Voilà plus de vingt-cinq ans que Notre Père des cieux vous a choisi et oint de l'Huile Sainte des pontifes, pour le bien de notre pays et pour le salut de nos âmes. Celui qui compte tous les cheveux de nos têtes est le même qui tient compte des actions, des souffrances, et de tous les pas de notre vie. C'est à lui que vous avez consacré votre existence, c'est pour lui que vous travaillez si intrépidement, c'est de lui que vous attendez la récompense.

« Veuillez le croire pourtant, Monseigneur, vos enfants ne sont pas insensibles à vos bienfaits, et si nous pouvions réunir ici aujourd'hui tous les chrétiens de Mackenzie, d'Athabasca, de l'île à la Crosse, du lac Labiche, de Carlton, de Galgary, de Batleford, de Pitt, vous verriez avec quels transports de joie retentiraient ici les accents de l'affection, du respect et de la reconnaissance. Permettez-nous, Monseigneur, à nous témoins et objets journaliers de votre dévouement paternel, permettez-nous, en notre nom, et au nom de tous les absents, de remercier Votre Grandeur, de tout le bien qu'Elle nous a fait dans notre abandon, dans nos maladies et dans nos épreuves, pour notre prospérité matérielle, aussi bien que pour l'avantage de nos âmes. Daigne le bon Dieu, prolonger vos jours pour la consolation et le bonheur de vos enfants, et vous accorder la récompense des Apôtres. »

A SA GRANDEUR MONSEIGNEUR VITAL GRANDIN.

« MONSEIGNEUR,

« J'audis que de dignes confrères dans le sacerdoce et tout le diocèse de Saint-Albert, se préparent a célébrer vos *Noces d'Argent;* pourrions-nous rester insensibles à toutes ces démonstrations des cœurs? Oh! non, Monseigneur, cet empressement à fêter ce solennel anniversaire, nous le partageons; car il a pour but de rendre honneur aux mérites de votre laborieux épiscopat : voici déjà un quart de siècle, et plus, Monseigneur, que vous vous dévouez tout entier au bonheur du troupeau confié à vos soins paternels.

« Oui, Monseigneur, nous adressons au ciel, en ce jour béni, nos vœux les plus sincères, afin que, par l'effusion abondante de ses grâces, il fasse que cet anniversaire de dignité épiscopale soit une source de bonheur, de prospérité et de salut.

« Ce beau Midi de votre carrière épiscopale, Monseigneur, n'est pas parvenu à sa splendeur sans ombres et sans souffrances. Que de peines, que de privations souffertes dans le secret, dès les premières années de votre vie de missionnaire jusqu'à ce jour ! Mais aussi, Monseigneur, que de joies et de consolations recueillies sur cette terre arrosée plus d'une fois, sans doute, de vos sueurs et de vos larmes. Combien d'âmes gagnées au divin Maître, jouissent au ciel du bonheur que vous leur avez procuré ! Elles applaudissent aujourd'hui, du haut des cieux, aux faibles expressions de notre reconnaissance, et prient avec nous pour notre vénéré Pasteur.

« Vivez donc longtemps encore, Monseigneur, pour le maintien et le succès de ces nombreuses et grandes œuvres que vous avez fondées. Que sous votre sage direction elles se développent de plus en plus, et que Votre Grandeur ait la joie de moissonner dans l'allégresse, ce qu'Elle a semé dans le travail et dans les larmes. Pour nous, Monseigneur, nous aimons à nous rappeler avec reconnaissance que, si nous avons pu réaliser quelque petit bien dans votre diocèse, c'est grâce à votre sollicitude paternelle à notre égard. Aux jours de l'épreuve comme aux jours de triomphe, vous étiez là, Monseigneur, comme un bon père, mêlant vos larmes aux nôtres, ou bien partageant notre bonheur et soutenant parfois nos cœurs défaillants. Merci, Monseigneur, pour ces actes de charité si souvent répétés. Puissions-nous par un dévouement plus complet, vous en témoigner longtemps encore notre reconnaissance.

« Puisse le Seigneur tout-puissant, exaucer les vœux et les prières, que nous formons pour le plus grand bien de Votre Grandeur.

« Les Sœurs le l'Asile Youville

« de Saint-Albert. »

A SA GRANDEUR MONSEIGNEUR GRANDIN.

« Monseigneur,

« Permettez-nous d'unir notre voix enfantine à celles de nos mères qui viennent en ce jour, déposer à vos pieds l'hommage d'un respectueux et filial amour. La belle et joyeuse fête du vingt-cinquième anniversaire de votre épiscopat, rassemble en ce moment, dans cette demeure des petits et des pauvres, tous les enfants de la vénérée Mère Youville ; elles viennent, ces orphelines qui vous aiment tant, se grouper autour de Votre Grandeur, pour resserrer les liens d'une famille chrétienne et religieuse ; heureuses de s'élancer vers leur premier Pasteur, pour jouir du privilège que leur accorde cette fête mémorable.

« Pour célébrer plus dignement ce jour de triomphe et lui donner un plus vif éclat, il convient, Monseigneur, que l'obole du pauvre soit jointe à l'offrande du riche ; et puisque nous ne possédons ni or ni argent, veuillez donc, Monseigneur, recevoir ce que la Providence a laissé tomber dans nos mains ; c'est la part de Dieu.

« Oh ! Monseigneur, pour mettre le comble au bonheur de ce jour, souvenez-vous que le divin Maître dont vous êtes pour nous la vivante image, laissait venir à lui les petits enfants, et ne les renvoyait jamais sans les bénir.

Les Orphelines de l'Asile Youville.
de Saint-Albert.

A SA GRANDEUR MONSEIGNEUR GRANDIN

« Monseigneur,

« La plante faible et solitaire cherche à droite et à gauche un appui pour la soutenir, car le moindre souffle des vents pourrait la renverser et la perdre. Ne sommes-nous pas, Monseigneur, dans le champ de la vie, cette plante abandonnée et solitaire ? Que serions-nous devenus, faibles et sans soutien, si la charité et le dévouement n'eussent pas tendu vers nous leurs mains secourables ? Soutenues et protégées par l'humble fille de Madame d'Youville, nous avons pu nourrir l'espérance d'assister sans périls au banquet de la vie. Souvent vous l'avez bénie, cette plante, Monseigneur, vous lui avez distribué avec sollicitude la rosée des divines consolations.

« Si toujours les soins de nos mères, selon la grâce, ont pu nous consoler de la perte de celle qui nous fut si tôt ravie, nous avouons ici, Monseigneur, que souvent nous avons remercié la divine Providence, de nous avoir donné en votre personne vénérée, un père qui sut toujours remplacer celle qui nous eut tant aimées. Dans cet anniversaire de votre élévation au sacerdoce, nous sommes heureuses de venir nous grouper, nous aussi, pour former la couronne de reconnaissance et d'affection filiale que cette maison tout entière doit à Celui, dont la vie n'a été qu'une longue suite de souffrances et de cruelles privations. Ce serait bien à l'orpheline à tresser elle-même cette couronne, où chaque fleur redirait vos vertus, dont la plus brillante est la tendre compassion prodiguée à cette pauvre plante délaissée. Ce serait bien à elle aussi, à venir en déposer l'emblème sur cette tête auguste, blanchie par les années. Mais non, Monseigneur, laissons à la postérité ce soin dont elle sera fière et jalouse. Pour nous, en unissant nos voix au concert unanime qui s'élève de toutes parts, nous sentons nos cœurs trop remplis d'émotions, pour dire tout ce qu'ils ressentent ; mais nous le dirons, dans le secret de nos âmes, au divin Enfant qui voit le fond de notre pensée. Lui seul pourra vous donner, Monseigneur, la véritable couronne si ardemment désirée par l'orpheline. Si nous pouvons exprimer un désir, c'est de voir ces fleurs que nous vous offrons ici, placées dans le temple du Seigneur.

« Veuillez, Monseigneur, en acceptant ce modeste don, bénir la pauvre orpheline dont vous fûtes toujours l'appui et le consolateur.

« LES ORPHELINES DE L'ASILE YOUVILLE.

« DE SAINT-ALBERT. »

A SA GRANDEUR MONSEIGNEUR VITAL-JUSTIN GRANDIN,

ÉVÊQUE DE SAINT-ALBERT.

« MONSEIGNEUR,

« Que Votre Grandeur daigne permettre aux Sœurs de la Providence, d'unir leurs faibles voix à celles qui s'élèvent de tous les coins de votre immense diocèse, et de joindre leurs vœux à ceux que forment pour votre bonheur et votre conservation tous les membres de votre clergé et de vos communautés religieuses, dans cette circonstance solennelle de vos *Noces d'Argent.*

« Dans ce concert unanime de félicitations, les nôtres, il me semble, trouvent naturellement leur place, car cette mission où nous nous trouvons si heureuses, depuis seize ans, a été fondée par Votre Grandeur; cette terre a été arrosée de vos sueurs. Vous y avez travaillé, vous y avez souffert, et c'est nous qui moissonnons avec joie ce que Votre Grandeur, y a semé dans les larmes.

« Le souvenir de votre dévouement et de vos vertus vit toujours dans le cœur de notre petite population, qui se rappelle avec amour vos instructions paternelles. On ne peut lui faire de plus sensible plaisir que de lui donner des nouvelles de Celui que, dans sa naïveté, elle aime à appeler *le bon Monseigneur Grandin.*

« Veuillez donc, nous permettre de vous présenter nos hommages, ainsi que l'expression des vœux que nous adressons au Seigneur pour la conservation de Votre Grandeur. Vingt-cinq ans d'épiscopat au milieu d'épreuves de tout genre, méritent bien encore un jour plus beau. Vivez donc, Monseigneur, pour saluer celui de vos *Noces d'Or* qui comblera également de joie et de bonheur, et ceux qui vivent sous votre bienveillante et si paternelle direction, et ceux qui ne sont que les humbles témoins de votre pénible mais fécond apostolat.

« Veuillez donc, Monseigneur, en agréant nos souhaits de bonheur, recevoir cet humble tribut que nous osons vous offrir; nous bénir, nous, nos œuvres, nos orphelines, nos élèves, et nous croire avec le plus profond respect,

« Monseigneur,

« *Les très humbles filles,*

« Les Sœurs de la Charité de la Providence. »

Hôpital du Sacré Cœur,
31 mars 1883.

A SA GRANDEUR MONSEIGNEUR GRANDIN.

« Monseigneur et bon Père,

« En cette splendide fête de vos *Noces d'Argent*, permettez-moi de venir joindre l'hommage des humbles félicitations de la petite communauté des Sœurs Grises de l'Ile à la Crosse, aux pompeuses réjouissances célébrées avec amour en votre Palais Épiscopal de Saint-Albert, à l'occasion des vingt-cinq années d'Épiscopat que le Seigneur a si heureusement accordées à Votre Grandeur.

« De tous les cœurs et de toutes les bouches, en ce jour de bonheur, s'échappent des chants joyeux, des actions de grâces brûlantes, pour glorifier, pour remercier le Dieu tout-puissant, qui vous a fait notre Pasteur vénéré, notre Père bien-aimé ! Oui, Monseigneur, nous sommes heureuses de vivre sous votre houlette bénie, et nous prions le Ciel de prolonger vos jours précieux, de ranimer votre santé épuisée et de vous accorder vingt-cinq autres années d'épiscopat, pour la gloire du bon Dieu et pour le bonheur du troupeau confié à vos soins. Ah! oui, vivez Monseigneur, vivez longtemps, vivez vingt-cinq ans d'une florissante santé; c'est le vœu, c'est le souhait, l'ardent désir de tous vos enfants et en particulier des Sœurs Grises de l Hospice Saint-Joseph de l'Ile à la Crosse.

« Nous avons poussé un cri d'action de grâce, un cri d'ivresse, à la réception de vos dernières lettres, qui nous apportaient l'heureuse nouvelle que Votre Grandeur viendrait visiter la mission de l'Ile à la Crosse, après les splendides fêtes de vos *Noces d'Argent*. Oh! venez, Monseigneur et vénéré Pasteur, venez pour notre consolation et pour notre bonheur.

« Agenouillée à vos pieds, j'offre à Votre Grandeur, l'humble hommage de mes sentiments de respect, d'amour et de reconnaissance, y joignant celui de ma petite communauté, de vos chères et dévouées filles, de nos pensionnaires, de nos orphelins, de nos orphelines et de nos pauvres.

« Réitérant à Votre Grandeur l'expression de nos plus joyeuses félicitations et sollicitant une bénédiction,

« Je me souscris avec profond respect,

« De Votre Grandeur,

« MONSEIGNEUR ET BON PÈRE,

« *La très heureuse fille,*

« SŒUR AGNÈS. »

Hospice Saint-Joseph de l'Ile à la Crosse,
26 juin 1883.

HOMMAGE

A SA GRANDEUR MONSEIGNEUR GRANDIN

Adieu, adieu beau jour, jour du ciel sur la terre.

Moments délicieux trop tôt passés hélàs!
Oh! oui trop tôt passés, tu parles bien, mon frère ;
Non des fêtes du ciel on ne se lasse pas.
Seigneur, du haut des cieux, entends notre prière,
Ecoute de nos cœurs la demande et les vœux,
Ils viennent tes enfants implorer pour un père
Généreux et aimant des jours moins malheureux.
Nous voudrions, mon Dieu, ne plus voir la souffrance
Eprouver cet Apôtre. Oui, il a tant souffert!
Use, Reine des cieux, de ta toute-puissance,
Rends moins dures pour lui les glaces de l'hiver.

Voilà bientôt trente ans qu'au milieu de ces plaines,
Infatigable apôtre il cherche le pécheur,
Travaille sans relâche, au prix de bien des peines
A faire aimer la croix de son divin Sauveur.
Là-bas tout jeune encor, au sein de sa patrie,

Je ne l'oublierai pas, délaissant pour nous tous,
Un père bien-aimé, une mère chérie,
Sa croix d'oblat en main, il se hâta vers nous.
Son but quel était-il, vaillant et saint apôtre?
Ici es-tu venu pour chercher ton bonheur ?
Non, tu laissas le tien pour ne songer qu'au nôtre ;

Gagner nos âmes à Dieu fut le vœu de ton cœur.
Rendons grâces au ciel, que la reconnaissance,
Au soir d'un si beau jour, remplisse tous les cœurs.
Nous saurons bien longtemps garder la souvenance
De ces moments si doux. Que du ciel les faveurs
Implorées pour toi par toute ta famille,
Noble et digne Pasteur, viennent te rendre heureux.

Oh! oui longtemps heureux en attendant que brille,
Mise un jour sur ton front, la couronne des preux :
Immortelle couronne en la cité des cieux.

OFFERT PAR LES ORPHELINS DE SAINT-ALBERT.

Nous recevons, aux derniers moments, communication de deux lettres de Monseigneur GRANDIN : l'une est adressée à la famille de Sa Grandeur ; l'autre à un bienfaiteur des missions de Saint-Albert. Nous en extrayons les passages suivants :

« Saint-Albert, 26 septembre 1883.

« C'est le samedi 15 et le dimanche 16 septembre que l'on a célébré ici mon vingt-cinquième anniversaire. La fête était splendide, telle que je n'aurais jamais pu supposer en voir à Saint-Albert, ni dans aucune partie du Nord-Ouest. Vous y manquiez, chers parents ; tous les Pères et Frères regrettaient votre absence, le Père Grandin et moi surtout. Je me félicitais cependant, et je me félicite encore de vous avoir détournés d'un pareil voyage qui eût été si coûteux, si fatiguant, et, je dirai même, si dangereux. On m'a lu bien des adresses en cinq langues différentes, bien que le grec et le latin ne se soient pas fait entendre. Le cher Père Grandin n'a pas eu le courage de me lire la vôtre, et il a bien fait : j'avais déjà assez de peine à contenir mon émotion et, *regis ad instar*, bien des yeux étaient mouillés. Mais comme j'ai été touché et stupéfait à la vue de ces superbes cadeaux ! On m'avait demandé de tout me cacher jusqu'au jour fixé : j'ai laissé faire, et n'ai pas voulu contrarier ces chers Pères ; la surprise a donc été complète, bien que je susse qu'on m'en préparait une. Je ne pouvais en croire mes yeux, et nos pauvres et bons sauvages ne pouvaient comprendre que l'on put faire de si belles choses. On m'a lu la liste des donateurs ; j'y ai vu les noms d'amis et de bienfaiteurs connus depuis longtemps dans nos missions. J'y ai vu vos noms, Chers Parents, et j'admire votre charité. Je comprends toutes les démarches que vous avez dû faire pour vous procurer les sommes nécessaires à de semblables acquisitions. Je ne saurais vous dire combien je suis touché des bonnes paroles que vous m'avez adressées et de votre charité. *Dominus retribuet pro me,* je me sens impuissant et complètement insolvable. Déjà plusieurs messes ont été dites pour vous et pour tous ces bienfaiteurs généreux. J'ai bien recommandé à mes chrétiens d'unir leurs prières aux miennes : le lendemain de la fête, ils savaient que je devais offrir le saint sacrifice pour tous ceux dont la charité soutient nos missions, ils sont venus en grand nombre demander avec moi au Divin Sauveur qu'il répande sur vous tous la rosée bienfaisante de ses plus précieuses bénédictions. Soyez les interprètes de notre reconnaissance auprès de ceux qui vous ont fourni les moyens de nous procurer des ornements si beaux et si complets. Depuis quelques années, grâce à la charité de M. Piron j'avais la *cappa magna* et le bougeoir; à présent rien ne me manque, pas même le grémial; et le 16 septembre, pour la première fois, il m'a été donné d'officier à Saint-Albert avec tous les ornements que la rubrique demande pour l'office pontifical. Demandez au bon Dieu qu'il ne permette pas que nous soyons affligés d'un nouvel incendie, ce serait vraiment bien pénible de voir de semblables richesses devenir la proie des flammes.

« Aujourd'hui, la plupart des quarante Oblats venus à Saint-Albert sont déjà bien éloignés, même le cher Père Grandin. C'est là un des tristes côtés de cette belle fête ; comme toutes les fêtes de la terre elle a eu une fin. Nous célébrerons un jour à venir des noces bien plus belles encore où personne ne manquera, j'espère ; elles ne seront pas suivies de nouvelles séparations et privations. L'attente de ces noces véritables doit nous consoler dès ici-bas, et nous faire suivre en vaillants et intrépides chrétiens le chemin qui doit nous y conduire. Il n'en est pas moins vrai que ces Noces d'Argent ont été pour moi un sujet de consolations telles que je n'aurais jamais espéré en éprouver dans ma vie de missionnaire. Mes remerciements les plus sincères à vous tous, Chers Parents, et à tous nos généreux bienfaiteurs..... »

« Saint-Albert, ce 15 décembre 1883.

«.... Les jours de joie sont passés ; les jours de deuil sont revenus à Saint-Albert; mon évêché ressemble absolument à un hôpital aujourd'hui ; vous ne sauriez croire à mes douleurs et à mes peines. Le jeune Père Gasté est très mal ; c'est un vrai squelette ambulant. Le Père Bourgine va finir, il ne peut plus rendre aucun service; au contraire, son état exige beaucoup de soins, ses rechutes étant devenues plus graves et plus fréquentes. Un autre de mes missionnaires a été pris de la fièvre typhoïde; depuis plus de deux mois, il garde le lit ; je ne pense pas que le cher Père redevienne jamais fort et capable de travailler dans nos pays. Outre ces trois malades qui me donnent de graves inquiétudes, j'ai plusieurs autres Pères condamnés au repos et obligés à prendre des précautions : c'est pour moi une épreuve qui m'abat littéralement ; ils sont là, ces chers malades, bien résignés sans doute, à la volonté du bon Dieu, mais pleins du désir de travailler à la propagation de son saint Évangile; je suis auprès d'eux autant que je le puis, je les vois souffrir à certains moments bien cruellement; je voudrais les soulager, et je n'ai guère que mes faibles paroles à leur donner. Souvent, lorsque je suis seul, pensant à leurs souffrances, au bien qu'ils pourraient faire, à l'impossibilité où je me trouve plus que jamais de faire face à tous les besoins de mon diocèse ; lorsque je vois ces députations de chefs sauvages qui viennent de très loin me supplier de leur envoyer un *homme de la prière*, je pleure et je pleure comme un enfant. Si, au moins, il se présentait d'autres recrues pour remplacer ceux qui tombent et qui meurent! Mais non, nous partons grand train pour l'autre monde, et nul ne vient combattre après nous. Si ces trois Pères succombent, je ne sais trop ce que nous allons devenir. Les sauvages m'accusent de mauvaise volonté, ils viennent me demander le pain dont leur âme a faim, et je n'ai personne qui puisse aller le leur distribuer : « Bientôt nous ne saurons plus prier, disent-ils, nos enfants grandissent sans toi, ils seront comme nous, malheureux, si tu ne viens les instruire. Pourquoi nous as-tu donc abandonnés ? »

« Pauvres enfants, ils ne comprennent pas que leurs peines, leurs douleurs, ont un retentissement profond dans mon cœur, et que je suis le premier à souffrir de leur abandon.

« Priez bien pour moi. Parlez de toutes mes misères, de toutes mes épreuves à toutes ces âmes si bonnes dont vous me dites la charité, le dévouement : si j'étais plus saint, je m'affligerais moins, je serais moins sensible à toutes ces peines que le bon Dieu m'envoie. J'avais cru pendant quelque temps que ma surdité allait augmenter et me fournir une raison suffisante pour pouvoir en toute sûreté de conscience, faire tomber sur les épaules de quelqu'un plus digne que moi, un fardeau qui a toujours été au-dessus de mes forces. Je crois franchement que dans les circonstances actuelles la cause de Dieu périclite entre mes mains. Je n'ai pourtant pas cessé de croire que le bon Dieu prend plaisir à se servir des instruments les plus faibles pour venir à bout de ses fins, et je dois vous dire qu'appuyé sur cette consolante vérité, ma lâcheté ne va pas jusqu'à refuser le travail, mais ce travail ne m'a jamais tant coûté que maintenant. Ma santé est assez difficile à définir : je suis moins oppressé que lorsque j'étais en France, mais je souffre beaucoup plus de rhumatismes, on dirait que mes bras et mes jambes sont disloqués. Et ma pauvre tête, comme elle fait pitié ! Je ne puis absolument m'adonner à aucun travail sérieux pendant quelque temps ; si je passe une matinée à écrire, il m'est impossible de rien faire dans la soirée, et je paye ce travail du matin par des douleurs névralgiques des plus aiguës, dans les tempes, les oreilles et les dents. Je n'en souffre pas seul malheureusement ; ceux qui m'entourent ont bien besoin de patience, le bon Dieu veut sans doute que nous soyons les uns pour les autres un moyen de sanctification.

« C'est seulement ces jours-ci que j'ai appris la démarche qu'avaient faite mes chers missionnaires auprès de monsieur le curé de la Chapelle d'Aligné, pour essayer d'avoir un orgue dans la cathédrale de Saint-Albert. Je voudrais pourtant bien ne pas faire de peine à ces bons Pères qui me sont si dévoués ; mais dans un diocèse aussi pauvre que le mien il y a beaucoup de choses que je désirerais avant de songer à enrichir le chœur de ma cathédrale d'un orgue à tuyaux. Je me vois donc dans la dure nécessité d'écrire au zélé et infatigable M. Piron de renoncer au projet en question. J'espère bien que ce digne bienfaiteur qui ne cesse, paraît-il, de travailler pour nous, me comprendra : je lui proposerai de songer à l'établissement de deux Missions qu'on me réclame depuis longtemps à grands cris. Ainsi nous arriverons plus facilement à procurer la gloire de Dieu : ce sera quand même faire de l'harmonie, et une harmonie évidemment bien supérieure que sauront apprécier nos pauvres et bien-aimés sauvages pour le salut desquels nous sommes venus ici.

« † VITAL, Évêque de Saint-Albert.

« O. M. I. »

Parents, Amis et Bienfaiteurs de Monseigneur de Saint-Albert, vous tous qui portez intérêt aux missions de cet auguste prélat, recevez cette petite brochure, au nom de Monseigneur Grandin lui-même, au nom de tous ses missionnaires qui nous ont chargé d'être auprès de vous l'interprète de leur profonde et affectueuse reconnaissance. On prie pour vous là-bas, chaque jour, ne l'oubliez pas. Nous aussi, prions pour ce saint Évêque que notre vieille et si vive affection voudrait voir, de longues années encore, travailler à la conversion des Sauvages de l'Amérique du Nord. Assurément ces fatigues, ces douleurs, ces peines si profondes qui accablent Monseigneur Grandin nous avertissent que cet apôtre est mûr pour le ciel, et que dans peu il occupera le trône glorieux que ses vertus et ses sacrifices sans nombre lui auront élevé. Mais nos prières, si elles sont fréquentes, si elles sont faites dans un grand esprit de foi nous mériteront peut-être la douce consolation de revoir une dernière fois au milieu de nous, ce modèle si accompli de toutes les vertus, *cet homme de Dieu*, dans toute la force du mot.

UN AMI
DE MONSEIGNEUR GRANDIN ET DE SES MISSIONS.

Le Mans. — Typ. ED. MONNOYER. — 1884.